AQA Spanish

A2

Jean Edwards
Ana Kolkowska
Libby Mitchell
Mike Zollo

Great Clarendon Street, Oxford, OX2 6DP, United Kingdom

Oxford University Press is a department of the University of Oxford.
It furthers the University's objective of excellence in research, scholarship,
and education by publishing worldwide. Oxford is a registered trade mark of
Oxford University Press in the UK and in certain other countries

Text © Jean Edwards, Ana Kolkowska, Libby Mitchell, Mike Zollo 2014
Illustrations © Oxford University Press 2014

The moral rights of the authors have been asserted

First published by Nelson Thornes Ltd in 2009

British Library Cataloguing in Publication Data
Data available

978-0-7487-9809-4

10 9 8 7

Printed in Great Britain by Ashford Colour Press Ltd, Gosport, Hampshire

Acknowledgements

Cover: Photography by Corbis/James Sparshatt

Illustrations: Mark Draisey, Martin Sanders (c/o Beehive Illustration)

Page make-up: eMC Design Ltd, www.emcdesign.org.uk

Although we have made every effort to trace and contact all
copyright holders before publication this has not been possible in all
cases. If notified, the publisher will rectify any errors or omissions at
the earliest opportunity.

Links to third party websites are provided by Oxford in good faith
and for information only. Oxford disclaims any responsibility for
the materials contained in any third party website referenced in
this work.

Contents

Introduction

The publisher has worked hard to ensure this book and the accompanying online resources offer you excellent support for your A Level course.

You can feel assured that they match the specification for this subject and provide you with useful support throughout your course.

These print and online resources together **unlock blended learning**; this means that the links between the activities in the book and the activities online blend together to maximise your understanding of a topic and help you achieve your potential.

If your school or college subscribes to this service you will be provided with your own personal login details. Once logged in, access your course and locate the required activity.

For more information and help visit **www.kerboodle.com**

Icons in this book indicate where there is material online related to that topic. The following icons are used:

💡 Learning activity

These resources include a variety of interactive and non-interactive activities to support your learning.

✔ Progress tracking

These resources include a variety of tests that you can use to check your knowledge on particular topics (¡Haz la prueba!) and a range of resources that enable you to analyse and understand practice questions (On Your Marks…).

✏ Study skills

This icon indicates a linked worksheet (*hoja de trabajo*), available online to print out, with activities to develop a skill that is key for language learning, such as expressing an opinion in a debate.

🎧 Audio stimulus

This indicates that audio material for listening activities can be found online.

🎙 Audio record

This indicates one of two types of tool that help you develop your speaking skills – either a free-speech recording tool that you can use with speaking activities, or an audio roleplay tool that enables you to interact with pre-recorded native speakers.

📹 Video stimulus

This indicates where audio-visual material can be found online to support listening and other activities.

🔍 Research support

These icons are found in the Cultural Topic and direct you to features that are designed to help you develop your research skills.

When you see an icon, go to **kerboodle** at www.kerboodle.com/live, enter your access details and select your course. The materials are arranged in the same order as the topics in the book so you can easily find the resources you need.

How to use this book

The chapters are arranged in the same sequence as the topics and sub-topics in the AQA specification, so there is always a clear link between the book and the specification. At the beginning of each section you will find a list of learning objectives that contain targets linked to the requirements of the specification.

The features in this book include:

 ¿Lo sabías?

An anecdotal insight into facts/figures relating to each topic.

 Actividad preliminar

An introductory feature designed as an accessible starter activity for each chapter.

 Gramática

Summary grammar explanations and examples, linked to online worksheets with fuller explanations and exercises.

(A grammar section can be found at the back of the book.)

 Estrategias

This 'skills' heading directs you to online worksheets that help build key language learning strategies.

 Vocabulario

The most challenging new vocabulary from the reading texts on each spread are translated in these boxes.

 Expresiones claves

Key words and phrases designed to give you prompts for productive tasks.

Study tips

Hints to help you with your study and to prepare for your exam.

 ¡Haz la prueba!

A summary quiz that tests key language learnt in each chapter (also available as a multiple choice version online).

Tus investigaciones

Ideas for further research into the different themes within the Cultural Topic.

WebQuest

Web-based investigative tasks that enable you to explore some of the themes within the Cultural Topic in greater depth.

Web links in the book

As the publisher is not responsible for third party content online, there may be some changes to this material that are beyond our control. In order for us to ensure that the links referred to in the book are as up-to-date and stable as possible, the websites are usually homepages with supporting instructions on how to reach the relevant pages if necessary.

Please let us know at **schools.enquiries.uk@oup.com** if you find a link that doesn't work and we will do our best to redirect the link, or to find an alternative site.

A message to students

Congratulations on choosing to study a language to A2 level – you have made a decision that will give you many opportunities in the future.

Good foreign language skills are in short supply and can be used in many different jobs. Translating, interpreting and the travel industry obviously require linguists, but so too do many other areas of employment – financial services, marketing, engineering, logistics and journalism to name just a few. Or maybe you will use your language skills and understanding of Spanish culture to make your holidays more enriching and enjoyable. Either way, there are many benefits of learning one or more languages to an advanced level.

The AQA specification in modern languages has been designed to provide a coherent and stimulating course of study, whether as an end in itself or as a stepping stone towards further study at university. The topics have been carefully chosen to enable clear progression and to address your needs and interests as A Level students. In the examination you will be tested in the four essential skills of listening, reading, speaking and writing, including open-ended tasks that require you to express and justify opinions. You will also be tested on your understanding and application of Spanish grammar and structures. In addition, the A2 course gives you the opportunity to explore a variety of themes relating to Spanish culture. This book presents two contrasting case studies for each of five themes specified by AQA. You can use these studies as starting points for your own research.

This book and accompanying online resources have been compiled by experienced teachers to help you to prepare for the examination with confidence and make the most of your abilities. The book is clearly laid out to match the topics and sub-topics in the AQA specification. Each sub-topic is presented through a range of texts, recordings and visual material, with new vocabulary introduced and highlighted where appropriate. Essential grammar points are explained clearly and 'skills' features direct students to online support that gives guidance on how to use the language like a native speaker. Open-ended speaking and writing tasks enable you to apply the new vocabulary and structures that you have learnt, including some more challenging tasks designed to extend your skills.

The online component provides additional stimulus material and support for activities in the book, as well as a range of interactive exercises and printable worksheets which you can use both independently and in class. The exercises provide plenty of practice with the grammar and structures presented in the book, together with topic-based activities that will help you prepare for the question types used in Units 3 and 4 of the examination. At the end of each sub-topic within the first three topics you will be able to test yourself through a multiple-choice quiz, focusing again on key vocabulary and structures. A new feature for A2 is the inclusion of WebQuests, web-based investigative tasks, within the Cultural Topic. The WebQuests will enable you to use the Internet in a structured way to explore those aspects of Spanish culture that interest you most.

We hope that you will find your language study rewarding and enjoyable, and wish you the best of luck for A2 and beyond.

Paul Shannon

El medio ambiente

La polución

By the end of this section you will be able to:

	Language	Grammar	Skills
A **Un mundo contaminado**	describe and discuss types, causes and effects of pollution	use impersonal verb constructions to make general statements	
B **Un mundo más limpio**	consider individual and collective measures to reduce pollution	use expressions followed by an infinitive	
C **El transporte**	discuss transport issues		use a variety of negative expressions

¿Lo sabías?

■ Según los datos del sindicato Comisiones Obreras y la representación española del World Watch, las emisiones de los gases de efecto invernadero han crecido en España en un 52,3% respecto al año base previsto en el Protocolo de Kioto (1990), que limitó ese incremento en el 15%.

■ En un sondeo del CIS, el 95% de los españoles encuestados han oído hablar del calentamiento del planeta y del cambio climático. El 47,6% de ellos están dispuestos a cambiar los hábitos de consumo y el estilo de vida para adaptarse a ese proceso y el 40% manifiestan que 'probablemente' lo harán.

■ En España, cerca del 80% de la contaminación de las ciudades es debida al coche.

■ Según datos del Ministerio del Medio Ambiente, la contaminación del aire cuesta la vida de 16.000 personas al año en España, más de cuatro veces que las producidas en accidentes de tráfico.

Actividad preliminar

¿Te interesan los problemas medioambientales?

1 ¿Cómo reaccionas ante la amenaza del calentamiento global?

a Estoy muy preocupado/a: tenemos que cambiar radicalmente nuestros hábitos.

b Creo que es un fenómeno natural: los seres humanos no pueden hacer nada.

c Me aburre un montón: son los verdes alarmistas que quieren sembrar el pánico.

2 ¿Te parece que cierto nivel de contaminación atmosférica es aceptable?

a De ninguna manera: todos tenemos el derecho a respirar aire limpio.

b Es un efecto inevitable del desarrollo industrial.

c Allí donde vivo no es un problema.

3 ¿Opinas que el ruido es un gran problema en las ciudades?

a Claro que sí: necesitamos más legislación para reducirlo.

b Donde hay mucha gente es normal que haya ruido.

c Voy siempre con mi mp3, así que no lo noto.

4 ¿Te molesta la cantidad de luz artificial que se gasta en las calles?

a Mucho: me impide ver las estrellas.

b Me parece que cuanta más luz, más seguridad para el ciudadano.

c Me encanta la iluminación brillante en la ciudad.

5 ¿Utilizas el transporte público?

a Siempre que pueda: el efecto del tráfico sobre el medio ambiente es alarmante.

b Me gustaría, pero el transporte público en mi región es insuficiente.

c ¡Ni hablar! Es más cómodo ir en coche.

Un mundo contaminado

5. Parte del calor atraviesa los gases.

1. La radiación solar.

2. La atmósfera del planeta contiene gases de efecto invernadero.

3. La radiación solar atraviesa los gases. Parte de los gases se absorbe en forma de calor.

6. La mayoría de los gases se absorben y se quedan en la atmósfera, aumentando la temperatura global.

4. La radiación solar calienta la superficie terrestre. Este calor junto con el calor del centro del planeta sube desde la superficie.

1 Busca el español en la gráfica.

a the atmosphere
b solar radiation
c the earth's surface
d to pass through
e greenhouse gases
f to heat up
g to absorb

Lo que dice WWF:

'El cambio climático es la mayor amenaza ambiental del siglo XXI, con consecuencias económicas, sociales y naturales de gran magnitud. Las olas de calor y las sequías son cada vez más frecuentes, y las pérdidas agrícolas son una amenaza en todas las economías mundiales. El cambio climático está ocasionado por un aumento de gases de efecto invernadero en la atmósfera. El CO_2 es el principal gas de efecto invernadero, consecuencia de la quema de combustibles fósiles como el carbón, el petróleo y el gas para producir energía.

Los científicos reunidos en el IPCC (Panel Intergubernamental de Cambio Climático), a través del cuarto informe presentado en 2007, dejan claro que el cambio climático está provocado por la actividad humana.

Si el desarrollo mundial, el crecimiento demográfico y el consumo energético basado en los combustibles fósiles siguen aumentando al ritmo actual, antes del 2050 las concentraciones de CO_2 se habrán duplicado con respecto a las que había antes de la revolución industrial.'

www.wwf.es

Lo que dice Francisco Capella, director del área de Ciencia del Instituto Juan de Mariana:

'No se sabe cuál es el nivel adecuado o peligroso de gases de efecto invernadero, y por lo tanto resulta absurdo intentar estabilizar o reducir el nivel de estos gases: cualquier objetivo es arbitrario y no tiene base científica.

Los datos históricos de miles de años obtenidos en exploraciones en el hielo de la Antártida no muestran evidencia de una conexión causal entre el CO_2 y el calentamiento global.

Un calentamiento global moderado es mejor que el enfriamiento. El calentamiento y el incremento del CO_2 atmosférico son mejores para la agricultura (menos heladas, épocas de cultivo más largas, mayor crecimiento de las plantas, más lluvias, menor necesidad de agua). Fomenta el crecimiento de los bosques, disminuye los extremos climáticos, permite ahorros energéticos en calefacción y es mejor para la salud: los períodos fríos en la historia de la humanidad son desastrosos por las hambrunas y las enfermedades.

El peligro real para la humanidad es la posibilidad, señalada por los geólogos, de una próxima edad de hielo. El período cálido interglacial actual puede terminar pronto y el efecto invernadero podría suavizar esta amenaza.'

www.intelib.com

Vocabulario

la amenaza *threat*
el calentamiento *warming*
concienciar *to make aware*
una etapa *a stage*
explotar *to exploit*
fomentar *to encourage, to promote*
frenar *to halt*
una helada *a freeze, a frost*
nocivo *harmful*
ocasionar *to cause*
una ola de calor *a heatwave*
promover *to promote*
provocar *to cause*
suavizar *to soften*

2 a Busca en los dos textos las palabras o frases que corresponden a estas definiciones.

i la falta de lluvia durante un período prolongado

ii la capa gaseosa que rodea a la Tierra

iii la retención del calor del Sol en la atmósfera de la Tierra debido a ciertos gases

iv el gas que se produce al quemar los combustibles fósiles

v una persona que estudia la ciencia

vi el aumento de la población

vii el Polo Sur

viii la subida de la temperatura del planeta

ix un período de falta de comida

x un período prolongado de frío

b Lee las frases siguientes e indica si son verdaderas (V), falsas (F) o no se mencionan (N).

Según la WWF:

i El cambio climático es el problema más grave de nuestros tiempos.

ii La falta de lluvia beneficia a los cultivos.

iii El uso de energías tradicionales produce emisiones de gases peligrosos.

iv El IPCC no ha podido llegar a ninguna conclusión.

v En 2050, los combustibles fósiles estarán agotados.

Según Francisco Capella:

vi Es posible que un nivel elevado de gases de efecto invernadero no tenga ningún efecto nocivo.

vii Los estudios de la Antártida indican que el calentamiento global es el resultado de las emisiones de CO_2.

viii La vegetación florece en condiciones cálidas.

ix En casa, tenemos que bajar la calefacción.

x En el futuro, es más probable que las temperaturas desciendan.

3 a 🎧 Escucha a Alicia, Miguel, Pilar y Gustavo que opinan sobre los problemas medioambientales. ¿Quién piensa que estos problemas …

i … son culpa del hombre?

ii … resultan de un ciclo natural?

iii … son explotados por los políticos?

iv … no interesan a los políticos?

b 💡🎧 Escucha otra vez a Alicia, Miguel, Pilar y Gustavo y haz las actividades.

4 💡 Trabaja con tu pareja para preparar una entrevista sobre el tema: 'Todos podemos tomar medidas para frenar el calentamiento global'. (hoja de trabajo)

Tienes que considerar las preguntas siguientes:

- ¿Qué es el calentamiento global?
- ¿Por qué representa una amenaza al planeta?
- ¿Qué causa los cambios en el clima?
- ¿Qué medidas se pueden tomar?

5 💡 ¿Existe el calentamiento global? ¿Y tiene la culpa el hombre? Escribe tu reacción ante unas opiniones alternativas. (hoja de trabajo)

Expresiones claves

los combustibles fósiles

eso no da votos

la mayor amenaza ambiental del siglo XXI

lo estamos viendo cada día

no hay que ser tremendistas

las reglas de la naturaleza

resulta absurdo intentar …

si seguimos emitiendo CO_2 al ritmo actual …

soy consciente de que …

💡 Gramática

Impersonal verb constructions

Impersonal verbs are ones which do not have a person as their subject. They are often used in Spanish for making general statements:

*Nos **urge** a todos reducir las emisiones de dióxido de carbono.* It's urgent that we all cut carbon dioxide emissions.

You can also use *se* with the 3rd person of a verb to make impersonal statements.

***Se necesita** una campaña educativa para enseñar a los jóvenes a respetar la naturaleza.* We need an educational campaign to teach young people to respect Nature.

Un mundo más limpio

Vocabulario

ahogarse *to gasp for breath*

la alteración del sueño *sleep disturbance*

el alumbrado *lighting*

antaño *at one time (long ago)*

aquejar *to afflict*

la calzada *road surface*

en cámara lenta *in slow motion*

el claxon *horn (car, boat)*

un decibelio *a decibel (measure of noise)*

los hierbajos *weeds*

jadear *to pant*

los lugareños *local people*

macilento *pale, sickly*

el parque automovilístico *quantity of vehicles*

la pérdida *loss*

el plomo *lead*

el rozamiento *friction*

1 Clasifica los 10 elementos de la lista abajo según el tipo de contaminación que representan. Copia y completa la tabla.

a   el ruido del tráfico

b   los humos tóxicos

c   los residuos químicos en los ríos

d   los alumbrados públicos orientados incorrectamente

e   la música muy fuerte

f   los grandes anuncios publicitarios

g   los vertidos tóxicos en el mar

h   los grafitis

i   las emisiones de dióxido de carbono

j   el uso de cañones de luz y láser con fines recreativos

contaminación atmosférica	contaminación acuática	contaminación acústica	contaminación lumínica	contaminación visual

La Oroya, donde los niños nacen con plomo en la sangre

Aperchado en los Andes, a 175 kilómetros al este de Lima, el pueblo minero de La Oroya es una de las localidades más contaminadas del planeta. Cuando sopla 'el viento malo' las madres corren para recoger a sus niños y encerrarlos en casa.

La pequeña Elena Quispe sólo puede caminar unos metros sin jadear, toser, y ahogarse hasta que su padre, Eusebio, la toma en brazos. Tiene 12 años pero aparenta mucho menos. Mide un metro y 25 centímetros y pesa sólo 20 kilos. El último análisis que se le hizo mostró una concentración de 60 microgramos de plomo por decilitro en su sangre.

La Organización Mundial de la Salud (OMS) marca un límite de 10 microgramos por encima del cual se producen un sinfín de enfermedades como anemia, miopía, alteraciones del sistema nervioso central, trastornos respiratorios, disminución de las facultades auditivas, etcétera. 'Elena sufre de insomnio crónico y cuando está despierta es como una sonámbula: todo lo hace a cámara lenta', dice Eusebio con la mirada perdida en las montañas donde antaño crecía un bosque de coníferas y hoy, apenas unos hierbajos macilentos.

Los directivos de Doe Run, la empresa metalúrgica norteamericana que explota las minas de La Oroya, admiten que en las últimas décadas las emisiones de plomo aumentaron en un 1.16%, las de cadmio en 1.99% y las de arsénico en un 606%. No obstante, la compañía niega que exista una relación de causa-efecto entre la polución y los males que aquejan a los lugareños, atribuidos por sus expertos al alcoholismo de los progenitores, a la mala nutrición o a la falta de higiene.

En Perú, emplea a 5.000 trabajadores que prefieren convivir con las enfermedades antes que perder su único medio de subsistencia. 'Si no es el viento malo, es el hambre: la vida del minero es una calamidad', concluye Eusebio Quispe con gesto de resignación.

Resumido de www.elmundo.es

2 a Contesta a las siguientes preguntas en español.

i ¿Por qué encierran las madres de La Oroya a sus niños en casa?

ii ¿Por qué toma en brazos Eusebio a su hija pequeña?

iii ¿Por qué aparenta Elena mucho menos de sus 12 años?

iv Según la OMS, ¿cuáles son las consecuencias de tener un alto nivel de plomo en la sangre?

v ¿Qué cambios ha visto Eusebio en su entorno?

vi ¿Cómo explica la compañía Doe Run la mala salud de los habitantes de La Oroya?

vii ¿Por qué se resigna Eusebio a su situación?

b Traduce al inglés los tres primeros párrafos del texto, hasta *unos hierbajos macilentos*.

c Lee los artículos y haz las actividades.

3 Escucha la entrevista con el Doctor Luis Moreno que habla de la contaminación acústica, y contesta a las siguientes preguntas en español.

a ¿En qué año reconoció la OMS el ruido como un tipo de contaminación?

b ¿Qué dice el Doctor Moreno sobre el problema del ruido en España?

c ¿Qué fuentes de ruido menciona el doctor?

d ¿Por qué es el coche un factor cada vez más importante en la degradación acústica de las ciudades españolas?

e Según la UE, ¿cuál es el límite aceptable de ruido?

f ¿Qué ejemplos da el doctor de ruidos intolerables?

g ¿Qué síntomas puede sufrir una persona que no duerme bien?

h ¿Qué opina el doctor de los métodos defensivos contra el ruido?

i ¿Qué ejemplo da el doctor de cómo la planificación urbana puede reducir el ruido de tráfico?

j ¿Qué tiene que hacer el conductor para minimizar el ruido de su coche?

4 Haz una entrevista con un(a) compañero/a de clase sobre cómo le afecta el ruido, utilizando el cuestionario. Luego haz una presentación oral, hablando de las distintas opiniones que tenéis tu compañero/a y tú sobre el ruido basada en vuestras respuestas. (hoja de trabajo)

5 Tienes que traducir unas opiniones sobre la contaminación lumínica. (hoja de trabajo)

Expresiones claves

con especial hincapié en ...

con mayor índice de ...

estar sometido a ...

plantearse

Gramática

Expressions followed by an infinitive

When you are making a general statement of opinion, the simplest way is to use an impersonal expression followed by an infinitive.

Es importante proteger el medio ambiente. It's important to protect the environment.

Es peligroso respirar humos tóxicos. It's dangerous to breathe in toxic fumes.

Esta niña tiene doce años, pero sólo 20 kilogramos. Su sangre tiene un elevado contenido en plomo.

Foto: Flor Ruíz

C   El transporte

Vocabulario

un abono *a subscription*

alcanzar *to reach*

un catalizador *a catalytic converter*

facilitar *to offer, to provide*

implantar *to set up*

un kilovatio *a kilowatt (measure of electricity)*

novedoso *novel, new*

potenciar *to promote*

radicar *to be rooted in*

una red *a network*

subvencionar *to subsidise*

trasladar *to move*

el trayecto *journey*

---

1 Empareja cada problema con su posible solución.

Problemas:

a El coste del transporte público

b Los coches contaminantes

c La congestión de tráfico en centros urbanos

d Los viajes innecesarios

Soluciones posibles:

i Se debe aumentar el precio de la gasolina.

ii Debería ser obligatorio instalar un catalizador en todos los vehículos.

iii Se debe introducir un impuesto para disuadir a la gente de circular en las ciudades.

iv Se debe subvencionar las tarifas de los billetes.

Ahora escribe frases completas emparejando los problemas con las soluciones.

Ejemplo: _____

Para reducir el número de accidentes de tráfico, se debe sancionar con severidad a los conductores irresponsables.

Por un transporte más verde

Reducir la contaminación atmosférica en nuestras ciudades ya es posible. Te proponemos cuatro modelos de locomoción más respetuosos con el medio ambiente.

METRO LIGERO

Constituye un nuevo sistema de transporte público sostenible, ya que utiliza una fuente de energía más limpia que es la eléctrica. Su importancia radica fundamentalmente en su bajo coste energético, ya que sólo consume 360 kilovatios de energía frente a los 5.500 que necesitan 172 coches particulares para trasladar a la misma cantidad de personas. También es importante su rapidez porque alcanza los 70 kilómetros por hora, una velocidad muy considerable para la agilidad del tráfico urbano.

BICICLETA

La ciudad de Barcelona ha implantado con éxito un sistema de alquiler de bicis denominado Bicing. Lo novedoso de este servicio radica en que trata de fomentar el uso de la bicicleta no sólo para ocio sino también para entrar a formar parte de la red de transporte público de nuestras ciudades. Consiste en la adquisición de un abono que permite al usuario retirar la bicicleta de cualquiera de las estaciones creadas para este fin. Realizado el trayecto, el usuario la devuelve a la estación más cercana a su destino.

TRANVÍA

La vuelta de este medio de transporte, abandonado en la década de los 60 en Europa, está permitiendo mejorar la calidad del aire en la ciudad, facilitando a las personas el uso de los actuales sistemas integrados de transporte urbano. Francia ha sido pionera, en 1984, al implantar en la ciudad de Nantes este medio de transporte. El Reino Unido y Portugal también han potenciado su uso y, en los últimos años, han construido nuevas redes. En España la ciudad de Valencia fue la pionera en 1994.

RESTRICCIONES

El modelo de restricción del tráfico en el centro urbano, en ciudades como Londres, está siendo un éxito (aunque no muy popular). Implantado en febrero de 2003, consiste en imponer una tasa económica a los vehículos que quieren acceder al centro. Esta medida ha conseguido reducir en un 19% la contaminación. Por otro lado, los beneficios obtenidos por dichas tasas se destinan a mejorar el transporte público. La ciudad de Sevilla está elaborando un plan para cerrar el tráfico privado en el centro urbano.

Resumido de Mía

2 a Lee el texto. Para cada una de las siguientes frases, escribe V (verdadera), F (falsa) o N (no se menciona).

  i El Metro Ligero funciona con energía eléctrica.

  ii El Metro Ligero consume menos energía que 172 coches particulares.

  iii La velocidad mínima del Metro Ligero es 70 kilómetros por hora.

  iv El sistema Bicing es una forma de transporte público.

  v Sólo las personas mayores de 18 años pueden utilizar el servicio Bicing.

  vi Si usas el servicio Bicing, tienes que devolver la bicicleta a la estación donde empezaste tu viaje.

  vii El tranvía contribuye a la reducción de la polución atmosférica.

  viii El tranvía es una forma de transporte totalmente nueva.

  ix Los londinenses ya van acostumbrándose a la tasa de congestión.

  x Con los ingresos de la tasa de congestión se pueden comprar más autobuses.

b Ahora contesta a las siguientes preguntas en español.

  i ¿Por qué se considera el Metro Ligero una forma de transporte sostenible?

  ii En cuanto a su velocidad, ¿cómo se compara el Metro Ligero con el resto del tráfico urbano?

  iii ¿Qué tiene de nuevo el sistema de Bicing en Barcelona?

  iv ¿Qué necesita obtener una persona que quiere usar el Bicing?

  v ¿Cuándo dejó de usarse el tranvía en Europa?

  vi ¿En qué país se volvió a introducir el tranvía en años recientes?

  vii En Londres, ¿quiénes tienen que pagar la tasa de congestión?

  viii ¿Qué efecto ha tenido la introducción de la tasa de congestión sobre el medioambiente londinense?

c Traduce al inglés el último párrafo, 'Restricciones', del artículo 'Por un transporte más verde'.

3 a   Escucha a Marisol, Roberto, Señor Gómez y Enrique que hablan del tráfico en su ciudad. ¿Quién pregunta …?

  i ¿Cuándo vamos a crear un sitio seguro para los ciclistas?

  ii ¿Por qué no tengo yo también el derecho a conducir mi propio coche?

  iii ¿Cómo vamos a solucionar los problemas para que todo el mundo esté contento?

  iv ¿Es que nadie se da cuenta de las dificultades que supone ir a pie en nuestra ciudad?

b Escucha otra vez las opiniones y haz las actividades.

4 Vas a participar en una discusión sobre la necesidad de conducir un coche. (hoja de trabajo)

5 El Ayuntamiento de tu pueblo ha anunciado un proyecto para introducir un sistema de 'Park & Ride'. Escribe una carta expresando tu opinión sobre la idea. (hoja de trabajo)

6 Haz el juego de roles.

Expresiones claves

el bajo/alto coste energético
los beneficios se destinan a …
está siendo un éxito
una fuente de energía
imponer una tasa
mejorar la calidad del aire
no sólo … sino también …

Estrategias

Varying your language: negative expressions

There are many ways to express negative ideas. Try to produce more authentic Spanish by using some less obvious ones, rather than relying on constructions with *no*.

Instead of *Esta idea no es muy original*, you can say: *Esta idea es **poco** original*.

Instead of *Es una cuestión que no ha sido resuelta*, it is more interesting and authentic to say: *Es una cuestión **sin resolver**.*

Now you should be able to:

- describe and discuss types, causes and effects of pollution
- consider individual and collective measures to reduce pollution
- discuss transport issues

Grammar

- use impersonal verb constructions to make general statements
- use expressions followed by an infinitive

Skills

- use a variety of negative expressions

✓ ¡Haz la prueba!

1 Rellena el hueco con el verbo impersonal adecuado:

Lo que _____ es un líder político que dé prioridad al problema de la contaminación.

2 Escribe una definición del calentamiento global.

3 Traduce al inglés:

Según la UE, un nivel de ruido de 65 decibelios es superior al límite de tolerancia.

4 Rellena el hueco con una palabra adecuada:

Es _____ seguir consumiendo los recursos naturales sin pensar en las generaciones futuras.

5 ¿A qué se refiere esta definición?

Un fenómeno geológico extremo durante el cual la tierra tiembla causando mucho daño a la infraestructura.

6 Rellena el hueco con un adjetivo con prefijo negativo:

Iluminar las fachadas de los edificios durante la noche es _____ .

7 Completa la frase:

Lo mejor del Bicing de Barcelona es que …

8 Traduce al español:

It's not very pleasant to have to live near an industrial complex and breathe in toxic fumes every day.

9 Escribe una frase que tenga el mismo significado que la siguiente:

No estoy convencido de la necesidad de alterar nuestro comportamiento habitual para salvar el planeta y complacer a los catastrofistas medioambientales.

10 Escribe una respuesta apropiada a esta opinión:

El cambio climático representa una amenaza más grande que el terrorismo internacional.

Study tips

Listening

Look at the number of marks available for each question. This will tell you how many items of information you should give.

Attempt every question even if you think it is difficult. No response means no mark.

Speaking

Do not worry about moving away from the precise question you are asked – **keep talking**! The examiner can always stop you if necessary.

Reading

While reading through the question paper or practice paper, **underline the key words**.

If answering a question on dates or times, give the full information: **8pm or 20.00 hrs** or **4 km** (kilometres – distance or kilos weight).

Writing

For all skills, **vocabulary learning**. is essential. Revise at least 10 words a day, and if possible get someone to test you!

To learn vocabulary, use pictures or cartoons to help fix an **image** in your head. Group words by topic area.

El medio ambiente

2 La energía

By the end of this section you will be able to:

	Language	Grammar	Skills
A **La crisis energética**	■ discuss traditional energy sources and related problems	■ use the future perfect tense	
B **Las energías alternativas**	■ discuss renewable and alternative energy sources	■ use the conditional perfect tense	
C **El consumo responsable de energía**	■ consider and describe collective and individual responsibilities in relation to energy		■ use a range of constructions to express your opinion

■ ¿Lo sabías?

■ Para cumplir con el Protocolo de Kioto, España se comprometió a aumentar sólo en un 15% sus emisiones de CO_2 en el año 2010 respecto a los niveles de 1990. España supera ya en más de un 40% sus emisiones.

■ La cantidad de sol que recibe la Tierra en 30 minutos es equivalente a toda la energía eléctrica consumida por la humanidad en un año. España es el país europeo que más radiación solar recibe junto a Portugal.

■ Cada kilovatio generado por energía solar evita la emisión de un kilo de CO_2 a la atmósfera.

■ Las lavadoras y lavavajillas son los electrodomésticos que más energía consumen.

■ En días nublados los paneles fotovoltaicos también generan electricidad.

■ La sede de la compañía Sanitas en Madrid es el edificio más sano de España.

■ Actividad preliminar

¿Cómo reaccionas tú ante el asunto de la 'crisis energética'?

1 ¿Apagas los aparatos electrónicos en cuanto has terminado de usarlos?
  a Sí, siempre.
  b A veces, depende de lo que estoy haciendo …
  c Prefiero dejarlos encendidos porque quizás vaya a utilizarlos otra vez.

2 ¿Cómo vas al colegio?
  a En bicicleta o a pie.   c En coche.
  b En el autobús escolar.

3 Al comprarte un nuevo aparato electrónico, ¿tomas en cuenta la energía que consume?
  a Sí, para mí es un factor decisivo.
  b Si necesito escoger entre dos productos similares, quizás.
  c Hasta que yo tenga que pagar la factura de la luz, no me importa.

4 Si tienes frío en casa, ¿qué haces?
  a Me pongo un jersey.
  b Tomo una bebida caliente.
  c Subo el termostato de la calefacción.

5 En tu opinión, ¿quién tiene la responsabilidad de solucionar la crisis energética?
  a Cada individuo debe hacer un esfuerzo para reducir su consumo de energía.
  b Es un asunto para los gobiernos.
  c Las empresas de energía, porque ¡son las que han creado esta 'crisis'!

A | La crisis energética

Vocabulario

acabar con *to end, to do away with*

un aerogenerador *a wind turbine*

agotarse *to run out*

agregar *to add*

el aislamiento *insulation*

el alumbramiento *lighting*

apostar (ue) por *to opt for, to be committed to*

una batería de medidas *a raft of measures*

las bombillas de bajo consumo *low energy light bulbs*

el butano *butane (bottled) gas*

las cenizas *ashes*

el crudo *crude oil, petroleum*

la energía atómica de fusión *nuclear fusion energy*

impulsar *to promote, to encourage*

inagotable *endless, unquenchable*

la inversión *investment*

rentable *profitable*

los residuos *waste*

subrayar *to underline*

vigilar *to monitor*

---

1 Las ocho palabras en mayúsculas son anagramas. Escribe la forma correcta de estas palabras para que el párrafo tenga sentido.

Los MOSSICUBBLET han permitido el impresionante desarrollo de las naciones SCARI durante el siglo pasado, pero ha llegado el momento en que la humanidad deberá afrontar los desafíos asociados a una MEANÍCOO mundial basada en estas fuentes de energía. Las SARVEERS mundiales de combustibles fósiles están decreciendo de forma progresiva, además de los gravísimos efectos que su uso continuado produce, desde el GRESIO directo a la salud humana de la polución a los gases de efecto DROVERINANE asociados con el cambio MIÁLTICCO. Cada segundo se consumen 1000 barriles de LOOPETER en el mundo: 2 litros diarios por cada persona.

La Agencia Internacional de la Energía apuesta por las nucleares

En un informe solicitado por el G-8, la Agencia Internacional de la Energía (AIE) pide a los gobiernos que acaben con el uso de energías sucias, inseguras y caras y aboga por un mayor desarrollo de la industria nuclear, para satisfacer la demanda eléctrica.

Según la Agencia, con las tendencias actuales la demanda de energía primaria habrá aumentado en un 53% en todo el mundo en el año 2030, y las emisiones de dióxido de carbono habrán crecido en un 55%. 'Vamos hacia un sistema energético vulnerable, caro y sucio, que irá de crisis en crisis, con nuevas perturbaciones de aprovisionamiento, con desastres meteorológicos o con ambas cosas', advirtió el director ejecutivo de la AIE, Claude Mandil.

Como alternativa, la AIE propone una batería de medidas que permitan mantener el crecimiento económico reduciendo en un 10% el consumo de energía y un 16% las emisiones de CO_2. Se trataría de una combinación de medidas de ahorro y mejora de la eficiencia en el consumo y de utilización de fuentes de energía alternativas como la eólica, los biocombustibles y, en un lugar destacado, la nuclear.

La alternativa nuclear

La AIE asegura que la producción atómica debería incrementarse en un 29% hasta el 2030 (desde los 368 hasta los 519 gigavatios). También subraya que la energía nuclear reducirá la dependencia económica y política de las importaciones de crudo y gas que, en un futuro, pueden ser objeto de tensiones internacionales, mientras que las reservas de uranio son 'abundantes y bien repartidas en todo el mundo'. Además, no emite dióxido de carbono (CO_2) a la atmósfera, por lo que no contribuye al cambio climático. La AIE admite, no obstante, que la energía nuclear sólo debe impulsarse 'con la condición previa de dar respuesta a las preocupaciones de la opinión pública sobre su seguridad'.

La AIE agrega que si el gas natural mantiene su línea alcista, será más rentable emplear instalaciones nucleares para la producción de electricidad, por lo que invita a los gobiernos a facilitar las inversiones privadas en ese sector.

El Periódico

Centrales nucleares en España

2 a Busca en el artículo el equivalente español de las siguientes expresiones.

i   a report commissioned by the G8
ii advocates, defends
iii the demand for energy
iv with current trends
v   disruptions in supply
vi by reducing consumption by 10%
vii in a prominent position
viii imports of crude oil
ix continues its upward trend
x   to encourage private investment

b Indica si las siguientes frases son verdaderas (V), falsas (F) o no se mencionan (N).

i   El G-8 no se interesa por la crisis energética.
ii   La AIE cree que la energía nuclear es más limpia que las energías tradicionales.
iii La demanda de energía aumentará en un 53% cada año.
iv   Todo irá bien a menos que haya un desastre meteorológico.
v   Claude Mandil no suele exagerar los problemas.
vi   La AIE cree que es posible consumir energía de manera más eficiente.
vii En 2006, se producía unos 368 gigavatios de energía nuclear.
viii La producción de energía nuclear puede resultar en conflictos internacionales.
ix   Las reservas de uranio son escasas.
x   En el futuro la energía nuclear puede ser más barata que el gas natural.

c Contesta en español a estas preguntas sobre el texto.

i   ¿Por qué quiere la AIE acabar con las energías tradicionales?
ii ¿Cómo será la demanda mundial de energía primaria en 2030, según la AIE?
iii ¿Por qué califica Claude Mandil el sistema energético actual de 'vulnerable'?
iv ¿Cómo propone la AIE que se reduzca el consumo de energía?
v   ¿Cómo propone la AIE que se reduzcan las emisiones de CO_2?
vi Aparte de satisfacer la demanda energética, ¿por qué es preferible optar por la energía nuclear?
vii ¿Qué dice la AIE que hay que hacer antes de fomentar la producción de energía nuclear?
viii ¿Qué quiere la AIE que hagan los gobiernos?

3 a 💡🎧 Escucha la conversación entre Silvia y Ramón sobre la energía y haz las actividades.

b 🎧 Ahora escucha una clase en la que están hablando de varias fuentes de energía no renovables. Empareja estas fuentes de energía con el extracto correspondiente.

- petróleo
- carbón
- gas natural
- nuclear

4 💡 Vas a preparar y hacer una presentación sobre la crisis energética, pensando en las siguientes preguntas (hoja de trabajo):

- ¿Qué es la crisis energética?
- ¿Cómo gastamos energía?
- ¿Qué se puede hacer a nivel mundial?
- ¿Qué se puede hacer a nivel local?

5 💡 Vas a completar un texto, luego traducir unas frases al español. (hoja de trabajo)

■ **Expresiones claves**

afrontar los desafíos
el crecimiento económico
con la condición (previa) de …
la verdad es que …
no hay manera de …
cien por ciento seguro
año tras año
en un futuro no muy lejos

💡 **Gramática**

The future perfect tense

You use this tense to say what will have happened.

*Si compro este vestido, **habré gastado** todo mi dinero.*

If I buy this dress, **I will have spent** all my money.

1 Rellena los huecos en el texto con las palabras correctas de la lista.

Las ...... 1 ...... de energía no renovables son aquellas que se encuentran de forma limitada en el planeta y cuya velocidad de ...... 2 ...... es mayor que la de su ...... 3...... .

- los combustibles ...... 4 ...... (carbón, petróleo y gas natural)
- la energía nuclear (...... 5 ...... , ... 6 ......)

Las fuentes de energía renovables son aquellas que, tras ser utilizadas, se pueden regenerar de manera natural o que se mantienen de forma más o menos constante en la naturaleza.

- energía mareomotriz (...... 7 ......)
- energía hidráulica (...... 8 ......)
- energía ...... 9 ...... (viento)
- energía solar (sol)
- energía de la ...... 10 ...... (vegetación)

fisión	mareas	regeneración
consumo	embalses	
eólica	fuentes	biomasa
fusión	fósiles	

Los biocombustibles, ¿ayudan?

La Unión Europea (UE) admitió que no había previsto los problemas que iba a causar su política de promoción de biocombustibles.

Europa había acordado incrementar en 10% el uso de biocombustibles en el transporte para 2020, con la intención de reducir las emisiones de dióxido de carbono. Pero al parecer esta fuente energética no cumple del todo con ese objetivo.

Los críticos argumentan que los biocombustibles terminarán llevando al planeta a una escasez de alimentos y a la destrucción de la selva tropical. Estudios recientes indican que la deforestación que se está generando para dedicar más tierras a cultivos y poder atender así la creciente demanda brinda más inconvenientes que beneficios. Con la demanda creciente se ha visto el alza de los precios de alimentos básicos, lo que afecta especialmente a los más pobres.

Caña de azúcar: ¿alimento o biocombustible?

Archivo   Edición   Ver   Favorito   Herramientas   Ayuda

Inicio | Índice | Sitemap | Ayuda | Versión texto

Comentarios de los lectores

'El problema es que los biocombustibles también funcionan por la combustión y por consecuencia contribuyen al calentamiento global. Lo que hacen falta son técnicas nuevas, que no dependan de la combustión y eviten el uso de granos básicos de alimentos como biocombustibles. ¿Por qué no desarrollar autos eléctricos, usando pilas fotoeléctricas, rotores eólicos y los movimientos de las mareas para generar electricidad? ¿Y por qué no aprovechamos los muchos desiertos para instalar paneles solares...?'

Federico, Lima, Perú

'No estoy convencida de que el uso de los biocombustibles provoque escasez alimentaria y destrucción de los bosques con tal que se haga de forma controlada, es decir, supervisado y regulado a nivel gubernamental. Con una explotación responsable, los biocombustibles podrán beneficiar nuestro medio ambiente, por ser una energía limpia que reduce la emisión de gases contaminantes. El problema no es la falta de alimento – en el mundo se produce lo suficiente para todos – sino la desigual distribución de ingresos.'

Rosa, Puerto Montt, Chile

www.BBCmundo.com

2 a Busca en el artículo 'Los biocombustibles, ¿ayudan?' las palabras o frases que tienen el mismo significado que las siguientes.

i confesó

ii aumentar

iii por lo visto

iv meta

v acabarán

vi satisfacer

vii ofrece

viii desventajas

ix insuficiencia

x sobre todo

b Ahora lee el artículo y los dos comentarios e indica si las frases siguientes son verdaderas (V), falsas (F) o no se mencionan (N).

i Si se hubiera enterado de todas las consecuencias, la Unión Europea habría cambiado su política.

ii La UE ha abandonado su intención de reducir las emisiones de dióxido de carbono.

iii Los críticos de los biocombustibles temen que puedan resultar en una escasez de comida.

iv La destrucción de la selva tropical tendrá efectos graves sobre el clima global.

v Según Federico, hay que acabar con los motores de combustión.

vi Es imposible generar electricidad utilizando rotores eólicos.

vii Rosa piensa que los biocombustibles pueden hacer una contribución positiva.

viii A Rosa le gustaría ver un reparto más justo de la riqueza del mundo.

3 a 💡🎧 Escucha lo que piensan María Carmen, Roberto y José sobre la energía eólica, y haz las actividades.

b 🎧 Escucha a Mateo, un joven que trabaja en la industria eólica, y escoge la terminación apropiada para estas frases.

i A pesar de haberme beneficiado personalmente …

ii Si no hubiera conseguido este trabajo …

iii Me cuesta imaginar …

iv Me pongo triste …

v Sin el avance de la tecnología …

… el mundo se habría quedado en la oscuridad.

… habría tenido que abandonar el pueblo.

… reconozco que la energía eólica tiene sus inconvenientes.

… contemplando el daño que se ha hecho al campo.

… cómo habrían reaccionado mis abuelos.

4 💡 Trabajando con un(a) compañero/a, vas a hacer una conversación entre dos vecinos en la que uno de ellos explica las ventajas de haber instalado paneles solares en su tejado. (hoja de trabajo)

5 💡 Vas a escribir un artículo sobre las energías renovables, mencionando los biocombustibles, la energía eólica, la energía solar y la energía biomasa. (hoja de trabajo)

- ¿Qué son?
- ¿Cuáles son sus ventajas e inconvenientes?
- ¿Cuál te parece mejor?

Vocabulario

abastecer to supply

alborotar to upset

cumplir con to fulfil, to achieve

despreciar to scorn

un embalse a dam

el encarecimiento the increasing price

estropear to ruin

un ganadero a cattleman

la marea the tide

ordeñar to milk

una pila a battery

la política policy

el rendimiento performance, yield

la selva tropical rainforest

suministrar to supply

Expresiones claves

los críticos argumentan que …

estudios recientes indican que …

algunos dicen que …

la factura de la luz

me cuesta imaginar…

me da pena ver …

lo único que nos ha producido es …

al mismo tiempo, reconozco que …

💡 Gramática

The conditional perfect tense

You use this tense to say what **would have** happened. It is formed from the conditional tense of *haber* and the past participle.

*Sin la energía eólica mi única opción **habría sido** hacerme ganadero.*

Without wind power my only option **would have been** to become a cattleman.

despertador	hervidor eléctrico
ducha	secador de pelo
calefacción	cepillo de dientes eléctrico
microondas	
televisor	
batidora	cargador de móvil
tostador	radio
plancha	nevera
ordenador	videoconsola
contestador	aspiradora
equipo de música	lámpara

1 ¿Cuánta energía consumes en casa?

- Lee la lista de aparatos domésticos. Ponlos en orden, empezando con el aparato que utilizas con más frecuencia. ¿Hay alguno que no utilizas nunca?
- Lee los títulos en la gráfica. A ver si puedes añadir en una lista otras maneras de ahorrar energía en tu vida diaria.

Placas solares en el tejado para producir agua caliente

Ventanas: aislamientos perfectamente ajustados

Bombillas de bajo consumo

Caldera correctamente instalada y mantenida

Electrodomésticos de máxima eficiencia energética

Sistema de calefacción limpio, por ejemplo la biomasa

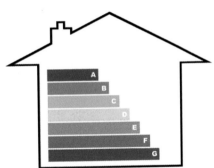

Edificios más verdes – la nueva construcción cuenta ya con una etiqueta de eficacia energética

Con la entrada en vigor del nuevo Código Técnico de la Edificación, se favorece el acceso a construcciones más sostenibles que consumen menos energía.

La 'marea verde' llega a la construcción y a los nuevos edificios que aprovecharán al máximo la luz y la ventilación natural. El nuevo hogar ahorrará energía, ya que el nuevo Código de la Edificación obligará a que cualquier vivienda de nueva construcción o que se rehabilite cuente con captadores solares térmicos para la producción de agua caliente sanitaria y para el calentamiento de piscinas. Además, el origen de la electricidad tendrá que ser renovable, para lo que será necesario contar con paneles solares fotovoltaicos.

Según la zona
Como el sol no luce con la misma intensidad en toda España, se distinguen 12 zonas climáticas a las que se asigna un porcentaje de utilización de energías renovables. Así, mientras que en Madrid el 70% del agua caliente se debe producir con paneles solares, en el norte baja hasta un 30%.

Certificación energética
Otra de las normativas que nos ayudarán a realizar una compra ecológica de nuestra vivienda es la certificación energética. Con ella se podrá evaluar la eficiencia en el consumo de energía del nuevo edificio. Este certificado se facilitará con el resto de la documentación de la nueva vivienda en el momento de la compra e irá acompañado de una etiqueta que contiene toda la información, tanto del consumo de energía anual de la vivienda como de las emisiones de dióxido de carbono. En este sentido, y para que resulte más comprensible, se añade una escala de colores (del verde al rojo) y de letras (de la A hasta la G). Así, un edificio con la máxima clasificación energética será distinguido con el color verde y la letra A.

Resumido de Mía

2 a Indica si las siguientes frases son verdaderas (V), falsas (F) o no se mencionan (N).

  i   Los aislamientos sirven para conservar el calor dentro del edificio.

  ii Las casas nuevas tendrán que cumplir con el Código Técnico de la Edificación.

  iii Si se trata de renovar una casa vieja, el Código de la Edificación no se aplica.

  iv Las piscinas tendrán que ser calentadas con energía solar térmica.

  v   Los paneles solares fotovoltaicos son más caros que los térmicos.

  vi Suele hacer menos sol en Madrid que en el norte de España.

  vii En el sur de España, el 100% del agua caliente debe producirse con paneles solares.

  viii Al comprar una casa nueva, podrás saber cuánta energía consumirá cada año.

  ix La gente no se preocupa de las emisiones de dióxido de carbono de su casa.

  x   Un edificio con la clasificación energética G es muy ecológico.

b 💡 Vuelve a leer el texto y haz las actividades.

3 🎧 Escucha la entrevista en la radio en la que se aconseja sobre el ahorro de energía. Apunta todos los consejos que da Aurelia sobre:

- las luces
- las lavadoras y los lavaplatos
- la compra de los electrodomésticos
- los televisores y los equipos de música
- las duchas
- las oficinas

4 💡 Vas a hacer una presentación sobre cómo reducir el consumo de energía. (hoja de trabajo)

- en casa
- en el trabajo
- en las carreteras

5 💡 Escribe un artículo de 250 palabras sobre la importancia de un consumo responsable de la energía en la vida diaria. (hoja de trabajo)

6 💡🖋 Haz el juego de roles.

Vocabulario

una baca *a roof rack*
una bombilla *a (light) bulb*
las bujías *spark plugs*
una caldera *a boiler*
el captador *sensor*
la carga *load*
con el chorro de agua abierto *with the tap running*
desenchufar *to unplug*
una etiqueta *a label*
la factura de la luz *electricity bill*
fijarse en *to notice*
un interruptor *a switch*
malgastar *to waste*
el mando a distancia *remote control*
la marcha corta *low gear*
la marcha larga *high gear*
el patrón *pattern*
procurar *to try*

Expresiones claves

existen muchas alternativas
un mecanismo altamente eficiente
vale la pena recordar que …
está demostrado que …
sin comprometer en nada
es altamente recomendable
tanto como sea posible

🖱 Estrategias

Using a range of constructions to express your opinion

There are many ways of expressing your opinion. You can add a degree of subtlety by saying something like *Mi opinión personal es que …* and use a range of constructions to:

- give an opinion directly
- give an opinion more tentatively
- give an opinion more forcefully
- avoid giving an opinion!

Now you should be able to:

- ▨ discuss traditional energy sources and related problems
- ▨ discuss renewable and alternative energy sources
- ▨ consider and describe collective and individual responsibilities in relation to energy

Grammar

- ▨ use the future perfect tense
- ▨ use the conditional perfect tense

Skills

- ▨ use a range of constructions to express your opinion

✔ ¡Haz la prueba!

1 Completa la frase con el adjetivo adecuado.

Los paneles solares que sirven para generar electricidad se llaman _____.

2 Escribe una definición de la crisis energética.

3 En las frases siguientes, sustituye el infinitivo por la forma correcta del futuro perfecto.

Si no actuamos urgentemente, [agotarse] los combustibles fósiles y el mundo [quedar] sin energía.

4 Escribe una frase que tenga el mismo significado que la siguiente.

Me da pena contemplar los enormes aerogeneradores que han crecido como hongos en zonas rurales.

5 ¿Cómo se llama la unidad de medida de energía doméstica?

6 Completa esta frase, escribiendo una expresión adecuada en la que utilices un verbo en condicional perfecto.

Si hubiera sabido cuanto iba a subir el coste de la energía …

7 Escribe una palabra adecuada para completar la frase.

Me parece _____ que la mitad de la población mundial siga quemando madera como fuente principal de energía dados los daños ambientales que causa.

8 Escribe una palabra adecuada para completar la frase.

¿Combustible o alimento? Es la decisión polémica que enfrenta a los agricultores con la llegada de los _____.

9 Traduce al español:

According to some environmental groups, Spain is very far from fulfilling its commitment to the Kyoto Protocol.

10 Escribe una respuesta apropiada a esta opinión:

No vale la pena desenchufar el televisor ya que el 'standby' gasta muy poca energía.

Study tips

Listening

Remember at first to listen for the **gist** of a passage, and **then** concentrate on the precise **detail**.

Speaking

Make sure you offer opinions or information, not just brief replies..

Reading

Remember to **keep an eye on the time** and allocate enough to each section.

Writing

When reading through the questions, **note down on rough paper any topic-specific vocabulary** that you can think of (i.e. all words relating to sport, media, family or health).

Pick out a few common verbs, e.g. *hablar, comer, decidir* and practise writing them down in different tenses.

3

El medio ambiente

Proteger el planeta

By the end of this section you will be able to:

	Language	Grammar	Skills
A **Las actividades de grupos ecologistas**	▨ describe and comment on the role of pressure groups		▨ structure an argument
B **Todos podemos colaborar**	▨ discuss individual environmental awareness and responsible behaviour	▨ use possessive pronouns and adjectives	
C **Una responsabilidad global**	▨ describe global environmental issues and responsibilities	▨ use imperative forms	

¿Lo sabías?

- El Mediterráneo es un mar cerrado cuyas aguas sólo se renuevan cada 100 años. En sus costas se concentra el 33% del turismo mundial.

- España es el país europeo que cuenta con la mayor biodiversidad, con cerca de 80.000 especies animales, más del 50% de las especies existentes en la Unión Europea.

- El plástico corresponde al 12% del peso total de basura que producimos. Con el reciclaje de 2 toneladas de plástico, se ahorra 1 tonelada de petróleo.

- Un mismo papel se puede reciclar de 6 a 15 veces.

- En la Tierra sólo el 2% del agua es potable: el 87% de ese agua se concentra en las capas polares en forma de hielo.

- Unos 1.100 millones de habitantes del planeta carecen de agua potable.

- Un ciudadano europeo consume una media de 140 litros de agua diarios: una familia del sur del Sáhara apenas dispone de 20 litros.

- La desertización afecta al 33% de la superficie terrestre y amenaza con dejar sin tierras cultivables a mil millones de personas.

- En la Lista Roja [de especies amenazadas] de la Unión Mundial para la Conservación de la Naturaleza (UICN), hay 41.415 especies: 16.306 están en peligro de extinción.

Actividad preliminar

Rellena los huecos con las palabras correctas de la lista.

El Día Mundial del Medio Ambiente es uno de los principales [1] … que las Naciones Unidas utilizan para fomentar la [2] … mundial sobre el medio ambiente y [3] … la atención y acción política al respecto.

Los [4] … son darle una [5] … humana a los temas ambientales, [6] … que las personas se conviertan en agentes [7] … del desarrollo sostenible y [8] …, promover el papel fundamental de las comunidades en el cambio de actitud hacia temas ambientales, y [9] … la cooperación, la cual garantizará que todas las naciones y personas disfruten de un futuro más [10] … y seguro.

El Día Mundial del Medio Ambiente se celebra el 5 de junio cada año.

- próspero
- activos
- objetivos
- fomentar
- motivar
- promover
- equitativo
- sensibilización
- cara
- vehículos

Las actividades de grupos ecologistas

Vocabulario

un arrecife *a reef*

el atún *tuna*

una ballena *a whale*

decomisar *to seize, to confiscate*

erosionar *to erode*

una especie *a species*

el litoral *coast*

el pez espada *swordfish*

una red *a net*

la sobrepesca *overfishing*

la subvención *subsidy*

el suelo *land*

urbanizable *designated for building*

un vertido *a spillage*

1 Empareja estos grupos ecologistas con su descripción.

- Amigos de La Tierra
- SEO/BirdLife
- Greenpeace
- WWF/Adena
- Ecologistas en Acción

Su logotipo, el Panda gigante, se ha convertido en un icono que se identifica con la conservación de la naturaleza.

Fundado en Canadá en 1971, es una organización ecologista internacional. Su barco insignia es el *Rainbow Warrior*.

Se creó en 1998 a partir de multitud de grupos ecologistas locales y regionales, para crear una confederación ecologista con un nombre común.

Tiene más de 1.500.000 socios en 70 países y es la red ecologista más extensa del mundo.

Es una organización no gubernamental (ONG) que se dedica a la conservación y el estudio de las aves.

Defendiendo el territorio

Grupos ecologistas y plataformas ciudadanas se movilizan para proteger el entorno y promover un desarrollo sostenible que no altere la naturaleza.

Entre las demandas de los principales grupos ecologistas de España, está la de proteger nuestro territorio de la construcción y especulación del suelo. Según estos grupos, las Comunidades Autónomas, que toman las decisiones en materia de urbanismo, están permitiendo la explotación del suelo para fines lucrativos. Cabe señalar que entre 1987 y 2000, el suelo calificado de 'urbanizable' en España aumentó 170.384 hectáreas [1704 km²], lo que supone el 25% del territorio.

Las plataformas ciudadanas

La degradación del litoral mediterráneo y los territorios insulares ya no son los únicos ejemplos: la costa gallega y cantábrica se han sumado a este deterioro. Ante tal abuso, en el norte de España están surgiendo asociaciones en defensa del territorio. Como ejemplo, el pasado mes de mayo más de 5.000 personas y 60 colectivos ciudadanos se manifestaron en Santiago de Compostela bajo el lema 'Galicia no se vende'. Pedían poner freno a los proyectos de gran impacto como la ampliación de las piscifactorías de Quilmas en Carrota (La Coruña) y las canteras de pizarra al sur del Parque Natural de O Courel (Lugo). A la preocupación de estos colectivos se sumaron grupos ecologistas como Greenpeace, Amigos de la Tierra etc. El manifiesto habló de la destrucción planificada del patrimonio ambiental gallega.

Paisajes perdidos

Según el proyecto europeo Corine Land Cover, coordinado por el Instituto Geográfico Nacional, del Ministerio de Fomento, el suelo edificado creció un 40% en los últimos 18 años. Según los geógrafos se está modificando el territorio de España de manera radical, fragmentándola y destruyendo su identidad. En definitiva, están desapareciendo los paisajes. Además, se están alterando zonas muy frágiles de un alto valor natural como es el primer kilómetro de costa, con un porcentaje de ocupación de 21% en el conjunto del país, que se dispara a un 55% en Málaga y a un 52% en Alicante. Para los expertos, lo peor es que si se edifica lo que está ahora aprobado, se triplicará la densidad del Mediterráneo.

Resumido de Mía

2 a Busca en el texto estas palabras o expresiones en español.

i   citizens' pressure groups
ii land speculation
iii urban development
iv in order to make money
v   the slogan

vi   to put a halt to
vii fish farms
viii slate quarries
ix   the environmental heritage
x   rockets

b Indica si las frases siguientes son verdaderas (V), falsas (F) o no se mencionan (N)

i   Los grupos ecologistas se oponen al desarrollo sostenible.
ii   Las Comunidades Autónomas no parecen valorar los espacios naturales.
iii La Costa del Sol es la más deteriorada de España.
iv   Los manifestantes no aprueban la expansión de las piscifactorías.
v   Greenpeace ha dado su apoyo a la destrucción planificada del patrimonio gallego.
vi   En los últimos 18 años, ha habido un 40% más urbanización en España.
vii El problema es que nadie presta atención a los geógrafos.
viii En Málaga, la proporción de suelo edificado es muy alta.

3 a 🎧 Escucha la entrevista con un activista de Greenpeace que habla sobre las amenazas al Mar Mediterráneo. Busca en el texto el equivalente español de las siguientes expresiones.

i   underwater meadows
ii   uncontrolled urban development
iii when it is chasing a prey
iv   illegal fishing

v   is out of control
vi   the closure of this fishing ground
vii the drift nets
viii despite having spent

b 💡🎧 Escucha las entrevistas y haz las actividades.

4 💡 Demoler el hotel Algarrobico, ¿sí o no? Imagina que vives en la localidad de la playa del Algarrobico. Vas a discutir la posible demolición de este hotel, un asunto que ha suscitado opiniones muy fuertes. (hoja de trabajo)

5 💡 Vas a escribir una carta al periódico local expresando tu opinión a favor o en contra de la demolición del hotel Algarrobico. (hoja de trabajo)

Expresiones claves

cabe señalar que
ante tal abuso
zonas de un alto valor natural
lo peor es que
la urbanización desenfrenada
de forma irreversible
la situación, lejos de solucionarse, sigue empeorando
al borde de la extinción
implementar una gestión adecuada
concienciar al público

🔑 Estrategias

Structuring an argument

When you write an essay or take part in a discussion, you need to be able to structure your argument. It's important to know how to:

- make points clearly and concisely
- identify key points and counter other people's arguments
- justify your opinions
- organise your material
- use logical paragraphs in your writing.

1 Empareja cada una de las 5 fotos con el párrafo del texto que se refiere a ella.

Luego, trabajando con un(a) compañero/a, escribe una capción apropiada para cada foto. Trata de no repetir lo que viene en el texto. Puedes dar una opinión personal si quieres.

Ejemplo: _____

Es esencial que se instalen contadores inteligentes en todos los hogares.

_____

¡Proteger el medio ambiente con tecnología!

Ya sabemos cómo cuidar la naturaleza practicando hábitos sanos: controlar la calefacción, apagar el standby, poner siempre la lavadora y el lavavajillas llenos y ducharnos en vez de bañarnos. Ahora podemos contar con la ayuda de la tecnología que nos facilita estos avances 'eco'.

a
Contadores inteligentes que nos permiten ahorrar electricidad. Tienen pantalla portátil y una alarma que salta si se sobrepasa cierto consumo establecido.

b
Energía mini-eólica. Una mini-instalación para generar tu propia energía eléctrica de forma ecológica. Son pequeños aerogeneradores que producen un máximo de 100 kW y se instalan en tejados o jardines.

c
Cocinar al sol. Los hornos solares utilizan la radiación solar como única fuente de energía. Son portátiles y resistentes y tienen una capacidad de 3 kg de alimento. Tardan un poco más que un horno convencional pero pueden llegar a los 200 °C.

d
Bici de bolsillo. Una bici para guardar en cualquier sitio, con un sistema de plegado. Puedes doblarla por la mitad y llevarla incluso en una mochila.

e
Papel para aislar. La celulosa aísla del calor, del frío y del ruido, es barata y ayuda al ahorro energético. Puedes comprar un aislamiento fabricado con celulosa de papel de periódico reciclado, preparado para inyectarlo en suelos y muros.

f
Grifos monomandos ahorradores. Gracias a su palanca el grifo monomando regula el caudal y la temperatura y garantiza la supresión de fugas y goteos.

g
Bombillas de LED. Son diodos luminosos que ahorran hasta un 70% de energía. El LED es un material semiconductor que 'se alimenta' a baja tensión: consume menos energía y emite poco calor.

h
Cisterna con dosificador. En el mercado puedes encontrar varios dispositivos como pulsadores de doble carga, que permiten dosificar la descarga de agua.

i
Energía solar en el bolsillo. Existen ahora unos productos de bolsillo para cargar de energía solar, limpia y renovable, los pequeños equipos electrónicos: móvil, mp3, cámara de fotos, etc.

j
Detergente sin fosfatos. Puedes optar por pastillas vegetales que no tienen fosfatos, indicados para el lavavajillas. Reducen la contaminación del agua.

Vocabulario

aislar *to insulate*

aplanar *to squash, to flatten*

arder *to burn*

el bolsillo *pocket*

un bote *a jar*

una caja *a box*

la celulosa *cellulose*

comprimir *to compress*

un contador *a meter*

deshacerse de *to get rid of*

un dispositivo *a mechanism*

dosificar *to regulate*

el encargado *person responsible*

enjuagar *to rinse*

enterarse de *to be informed about*

escurrir *to drip*

esparcir *to scatter*

el grifo monomando *mixer tap*

la palanca *handle, lever*

plegar *to fold*

socorrido *handy*

voluminoso *bulky*

2 a Traduce al inglés las siguientes expresiones claves que se encuentran en el texto.

i una alarma que salta si se sobrepasa cierto consumo establecido

ii se instalan en tejados o jardines

iii tardan un poco más que un horno convencional

iv una bici … con un sistema de plegado

v la celulosa aísla del calor, del frío y del ruido

vi el grifo monomando regula el caudal y la temperatura

vii ahorran hasta un 70% de energía

viii permiten dosificar la descarga de agua

ix unos productos de bolsillo para cargar de energía solar

x indicados para el lavavajillas

b Rellena los huecos con la palabra correcta sacada del texto

i Con un contador inteligente, si usas demasiada energía la alarma …… .

ii Algunas personas han instalado pequeños …… en el tejado para generar su propia energía eólica.

iii Carmen tiene un …… solar pero cocina más lentamente que el mío, que funciona con electricidad convencional.

iv ¿Por qué no os compráis esa bici plegable que podréis …… en vuestra mochila?

v El papel de periódico reciclado puede usarse para fabricar …… para nuestras casas.

vi Hay que cerrar bien el grifo para evitar …… .

vii Una de las ventajas de una bombilla de LED es que no …… mucho calor.

viii Las cisternas modernas aseguran que la …… de agua sea más eficiente.

ix Es más ecológica una …… donde puedes producir comida que un jardín de flores.

x Me parece fantástica la idea de …… mi móvil con energía solar.

3 a 💡 🎞️ Mira el video y haz las actividades.

b 🎧 Después de escuchar la entrevista, haz apuntes sobre lo que se dice acerca de:

i la separación de los residuos

ii cómo ahorrar espacio guardando los residuos separados

iii guardar la basura en el balcón

iv con qué frecuencia llevar los residuos al punto de recogida

v qué hacer con los residuos voluminosos

vi los residuos peligrosos

vii las medicinas sin usar

viii qué hacer con las pilas gastadas

4 💡 Vas a hacer una presentación sobre las bolsas de plástico mencionando los siguientes aspectos (hoja de trabajo):

- El problema
- Las estadísticas
- Las consecuencias medioambientales
- Las alternativas
- Las campañas

5 💡 Escribe un ensayo de aproximadamente 250 palabras con el título 'No hay mucho que se pueda hacer a nivel individual para salvar el planeta'. (hoja de trabajo)

▉ Expresiones claves

podemos contar con la ayuda de

de forma ecológica

como única fuente de energía

antes era típico …

¿por qué no tener …?

se ruega a todos los ciudadanos

ensuciar la vía pública

desprenden olores

pueden pasar desapercibidos/as

es conveniente que estés atento a

hay que tener mucho cuidado con

en el caso de que no haya …

incurre un enorme coste económico y medioambiental

💡 Gramática

Possessive adjectives and pronouns

The possessive forms *mi, tu, su, nuestro, vuestro* are **adjectives** and must agree with their subject.

*¿Por qué no os compráis esa bici plegable que podréis guardar en **vuestra** mochila?* Why don't you buy yourselves this folding bicycle which you could keep in **your** bag?

You may also need to use the possessive **pronouns** such as *el mío* (mine).

*Carmen tiene un horno solar pero cocina más lentamente que **el mío**.* Carmen has a solar cooker but it cooks more slowly than **mine**.

C Una responsabilidad global

Vocabulario

el abrigo *shelter*

albergar *to shelter, to house*

el almacenamiento *storage*

el amaranto *amaranth (a flower)*

un asentamiento *a settlement*

en barbecho *fallow*

una capa freática *phreatic stratum, aquifer*

la Cuenca de Polvo *the Dust Bowl*

el derroche *waste, squandering*

el etiquetado *labelling*

las explotaciones madereras *logging operations, timber industry*

febril *hectic, fevered*

una hectárea *a hectare (10,000 m²)*

las llanuras *plains*

un oleoducto *an oil pipeline*

los pastos *pastures, grazing*

una presa *a dam*

rehuir *to avoid*

la salinización *salinity, saltiness*

la soja *soya*

la tala *cutting down*

el trigo *wheat*

un yacimiento *a deposit*

1 Trabajando con un(a) compañero/a, poned en orden estos objetivos globales, empezando con él que consideráis el más urgente:

- reducir las emisiones de dióxido de carbono
- fomentar el desarrollo sostenible
- lanzar campañas medioambientales educativas
- desarrollar energías limpias y renovables
- buscar maneras más ecológicas de eliminar la basura
- animar a la gente a reciclar más
- controlar la contaminación atmosférica
- cumplir con el Protocolo de Kioto
- ahorrar energía
- salvar especies en peligro de extinción
- introducir leyes medioambientales más estrictas
- acabar con el despilfarro de agua
- multar a países que no respetan el entorno

¿Hay otros objetivos no mencionados aquí que te parecen más urgentes?

La deforestación

Se entiende por deforestación la destrucción a gran escala del bosque por la acción humana. Avanza a un ritmo de unos 17 millones de hectáreas al año. La deforestación y la degradación forestal (una reducción de la calidad del bosque) pueden producir erosión del suelo y desestabilización de las capas freáticas, lo que a su vez favorece las inundaciones o sequías. Reducen la biodiversidad, lo que resulta sobre todo significativo en los bosques tropicales, que albergan buena parte de la biodiversidad del mundo. La deforestación afecta al modo de vida de entre 200 y 500 millones de personas que dependen de los bosques para obtener comida, abrigo y combustible. La deforestación y la degradación pueden contribuir a los desequilibrios climáticos regionales y globales. Los bosques desempeñan un papel clave en el almacenamiento del carbono; si se eliminan, el exceso de dióxido de carbono en la atmósfera puede llevar a un calentamiento global de la Tierra, con multitud de efectos secundarios problemáticos.

La deforestación es el resultado de una variedad de acciones humanas: las explotaciones madereras, mineras y petrolíferas; la construcción de carreteras y presas; la creación de grandes ranchos para pastos.

Las leyes y los reglamentos que se han introducido para combatir la tala indiscriminada de árboles resultan insuficientes porque las autoridades a menudo no exigen su cumplimiento y los grupos más poderosos consiguen rehuirlos. Una iniciativa eficaz a corto plazo es la certificación forestal y el etiquetado de productos de madera, garantizando que provienen de una gestión sostenible de los bosques. A largo plazo serán necesarias iniciativas a nivel global para implantar una gestión forestal sostenible, equilibrando objetivos medioambientales, sociales y económicos.

2 a Indica si las siguientes frases son verdaderas (V), falsas (F) o no se mencionan (N).

i Cada año se talan 17 millones de árboles.

ii La destrucción de los bosques puede afectar también a los acuíferos.

iii En los bosques tropicales vive una enorme variedad de animales y plantas.

iv Es aconsejable no entrar en el bosque sin abrigo.

v Los bosques ayudan a regular las emisiones de dióxido de carbono.

vi Las actividades industriales no suelen perjudicar las zonas forestales.

vii A veces los gobiernos no aseguran que las compañías respeten las leyes.

viii La certificación forestal se aplica principalmente a los muebles.

b 💡 Lee los textos y haz las actividades.

3 🎧 Escucha los cuatro reportajes sobre el conflicto entre el desarrollo económico y la responsabilidad medioambiental en los países en vías de desarrollo. Escribe las cifras que se dan sobre los siguientes datos.

Ecuador: ¿petróleo o conservación?

a El porcentaje de la superficie de Ecuador ocupada por empresas petroleras

b El número de barriles de crudo que produce Ecuador diariamente

La pérdida de biodiversidad en Latinoamérica

c El número de especies vegetales que la humanidad ha consumido en su historia

d El porcentaje de nuestras necesidades calóricas satisfechas por el trigo, el maíz y el arroz

La deforestación en Argentina

e El consumo mundial de soja en toneladas

f El número de hectáreas de bosque que está perdiendo Argentina al año

La falta de agua en China

g La población de China

h El porcentaje de los recursos hídricos del planeta que tiene China

4 💡 Decide con cuál de estas dos opiniones estás de acuerdo, y prepara una presentación oral de un minuto. (hoja de trabajo)

A
> Los problemas medioambientales que tenemos hoy en día resultan de la actividad humana.

B
> Que el hombre piense que tiene la capacidad de destruir un planeta es arrogante: la fuerza de la naturaleza puede superar cualquier invasión humana.

5 💡 Escribe un ensayo sobre 'Los retos medioambientales clave para el futuro'. (hoja de trabajo)

6 💡🖉 Haz el juego de roles.

■ Expresiones claves

a gran escala

desempeñan un papel clave

las autoridades no exigen su cumplimiento

una gestión sostenible

plantea una contradicción

generar secuelas aún difíciles de evaluar

según datos oficiales

tener impactos dramáticos

los recursos hídricos

💡 Gramática

Imperative forms

The imperative is the form of the verb used to give commands or orders. There are four forms of the imperative, depending on whether the person(s) addressed is *tú, usted, vosotros* or *ustedes*:

¡Recicla las botellas!

¡Reduzca el consumo de energía!

¡Reutilizad las bolsas de plástico!

¡Respeten las leyes medioambientales!

These can also be in the negative, e.g. *¡No te olvides de reciclar botellas!*

You use the present subjunctive form for all negative imperatives and for all *usted(es)* imperatives.

Now you should be able to:

■ describe and comment on the role of pressure groups

■ discuss individual environmental awareness and responsible behaviour

■ describe global environmental issues and responsibilities

Grammar

■ use possessive pronouns and adjectives

■ use imperative forms

Skills

■ structure an argument

✓ ¡Haz la prueba!

1 ¿Cómo se dice en español: *It's worth pointing out that...*?

2 Escribe la forma correcta de los adjetivos posesivos indicados.

En [our][1] ... casa, cada miembro hace [his] [2] ... contribución, [my] [3] ... hermanos, por ejemplo, reciclan [their] [4] ... latas de Coca.

3 Escribe una definición de especulación urbanística.

4 ¿Cuál es el adjetivo que se aplica a los restos orgánicos que se descomponen naturalmente con el tiempo?

5 Escribe unas palabras adecuadas para completar la frase.

Los recursos hídricos del planeta no son infinitos: es irresponsable ...

6 ¿Cómo diría su madre a Raúl que sacara la basura? Escribe una instrucción utilizando el imperativo.

7 ¿A qué se refiere esta definición?

la explotación excesiva de especies marinas por la industria alimentaria

8 Traduce al inglés:

Se aconseja a los ciudadanos que entreguen las medicinas sin usar en las farmacias.

9 Utilizando la forma de ustedes, escribe una instrucción NEGATIVA que anime al público a beber agua del grifo.

10 Completa la frase: De las 3 Rs, la más importante es 'Reducir' porque ...

Study tips

Listening

Don't allow yourself to be slowed down because you don't **understand a particular word** or phrase, particularly if it is spoken very fast! Move on, you can always come back to it.

Remember that there **may be a lot of detail** which is not required when answering a question.

At the start of a test it may be a good idea to note down in rough any **topic-related vocabulary**, especially terms you have learned that you have found diffi cult to remember. Don't forget to cross out any rough workings at the end.

Speaking

You do not always have to tell the truth! **Say what you know how to say well** and with confidence.

As you plan your answer, give yourself time to think of grammar, pronunciation and contents.

Reading

Read the questions before the text as they may shed light on the text itself and any specific vocabulary.

When faced with a word that can have different meanings, look at the **context** for clues.

When tackling a reading text, always check that you understand the **questions** being asked. Often you will not need to understand every word to get the answer.

Writing

Go over **texts you have studied in class** or as **homework** and revise words you find difficult.

You may be able to base an answer on a practise task you did in class, but be careful to tailor your answer to the actual question.

Remember that *tomar* is the correct verb to use for 'have' when referring to food and drink (not *tener*): *tomar una bebida, tomar un bocadillo*.

La sociedad multicultural

4 La inmigración

By the end of this section you will be able to:

	Language	Grammar	Skills
A **Las causas de la inmigración**	■ find out about and explain reasons for immigration	■ use *por* and *para*	
B **Los beneficios y los problemas de la inmigración**	■ discuss the benefits and problems of migration	■ use the conditional perfect tense with the pluperfect subjunctive	
C **La inmigración en España y en la UE**	■ discuss the extent of, and curbs on, immigration in Spain and in the EU		■ express doubt using the subjunctive

■ ¿Lo sabías?

■ Una de cada diez personas residentes en España son extranjeras. Es decir que 4,5 millones de los 45,2 millones de habitantes son inmigrantes.

■ El número de extranjeros ha subido anualmente un 9 por ciento en los últimos años. En cambio el número de españoles apenas creció, con una variación de 0,2 por ciento en el mismo período.

■ Se ha registrado una desaceleración en la llegada de extranjeros desde 2006. En 2005 hubo 696.824 inmigrantes nuevos, mientras que en los últimos años este incremento se redujo a 413.375 y 375.388, respectivamente.

■ Los latinoamericanos forman el mayor grupo de extranjeros en España pero las nacionalidades más numerosas corresponden a Marruecos (582.923), Rumanía (527.019) y Ecuador (427.099). En cuarto lugar está el Reino Unido (314.951).

■ Los motivos de los inmigrantes no son sólo económicos, ni proceden todos de países pobres. Hay extranjeros procedentes de países prósperos que se retiran a España tras su jubilación. Hay también estudiantes y adultos activos y cualificados que van a España a comenzar un negocio.

■ Actividad preliminar

El mapa presenta el número de inmigrantes por región en España. ¿Adónde van más extranjeros? ¿Por qué crees que hay más extranjeros en estas regiones?

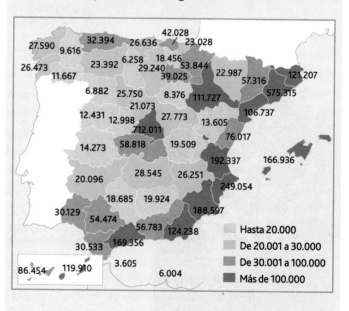

Las causas de la inmigración

Vocabulario

arriesgarse *to risk*

por debajo de *below, at a lower level than*

desempeñar *to carry out*

la esperanza *hope*

el estado miembro *member state (here, of the EU)*

la formación *training*

gravísimo *seriously bad*

el infierno *hell*

un inmigrante clandestino *an illegal immigrant*

jurar *to swear*

lograr *to succeed (in)*

originario de ... *from, of ... origin*

pisar tierra firme *to reach land*

la pobreza *poverty*

procedente de *from*

profundo *deep*

las raíces *roots*

sobrevivir *to survive*

1 Lee la lista de motivos para la inmigración. Escríbelos en dos listas: *¿Por qué dejan su país de origen? ¿Para qué van a otro país?*

buscar trabajo

la seguridad

el asilo político

el desempleo

la pobreza

los motivos de la inmigración

la falta de oportunidades

la persecución étnica o política

ganarse la vida

mejorar la calidad de vida

el hambre

las guerras y la violencia

el genocidio

Un barco lleno de inmigrantes procedentes de África llega a las Islas Canarias

Emigrar para sobrevivir ... desde Latinoamérica

A España, Madre Patria, llegan cada vez más de sus hijos latinoamericanos, la mayoría por la falta de alternativas en sus países de origen. La necesidad es el motor de la migración. Los latinoamericanos ahora representan el primer grupo de inmigrantes en España, seguido por la población marroquí.

En la década de los años 70, la inmigración latinoamericana a España estaba representada por el exilio político, especialmente procedente de Argentina, Colombia y Chile. Esto ahora ha cambiado. El inmigrante latinoamericano típico actual suele ser de un país andino, como Ecuador, Perú o Colombia, entre 25 y 40 años, con una formación media técnica o estudios medios universitarios. Viene en busca de trabajo y suele desempeñar tareas muy por debajo de su formación.

... desde África

La crisis migratoria tiene profundas raíces. 'El problema es que la vida en África es terrible, que la pobreza es gravísima y para muchos de nosotros no existe otra opción que irnos, así sea tomando el camino de la ilegalidad' explica Akum, una inmigrante clandestina originaria de Nigeria.

Con las Islas Canarias a sólo 100 kilómetros de la costa occidental africana, muchos se arriesgan y se lanzan al mar pues si logran pisar tierra firme se abre la posibilidad de eventualmente llegar a esa Europa sin fronteras, en la que podrían trabajar, viajar y vivir en cualquiera de los 27 estados miembros.

Resumido de BBCMUNDO.com

2 Lee el texto y luego contesta a las preguntas.

a   ¿Por qué crees que eligen España como destino los inmigrantes latinoamericanos?

b   ¿De dónde viene la mayoría de los inmigrantes que han llegado a España últimamente?

c   ¿Y de dónde procede el segundo grupo?

d   ¿Por qué venían a España los inmigrantes latinoamericanos en los años 70?

e   ¿Por qué emigran los latinoamericanos ahora?

f   ¿De qué países venían en aquella época y de dónde vienen ahora?

g   ¿Cuáles son las causas de la migración desde África?

h   ¿Cuál es el primer destino de muchos inmigrantes africanos?

i   ¿Cómo suelen viajar y cómo es el viaje?

j   ¿Por qué quieren llegar a Europa?

3 a 🎧 Escucha la entrevista con dos inmigrantes, Susana y Jaime. Apunta los siguientes datos para cada persona. Copia y completa la tabla.

	Susana	Jaime
país de origen		
país de destino		
motivos para dejar su país		
problemas actuales		
planes para el futuro		

b 💡🎧 Escucha las grabaciones y haz las actividades.

4 💡 Contesta a las siguientes preguntas y luego compara tus ideas con las de tu pareja. (hoja de trabajo)

- ¿Cuáles fueron los motivos para marcharse a otro país de los tres emigrantes: Susana, Jaime y Rigoberta Menchú?

Ejemplo: _____

Susana y Jaime se marcharon a España por motivos económicos y para buscar trabajo.

Rigoberta se marchó por persecución política y para salvarse a sí misma y a su familia.

_____

- ¿A qué dificultades han tenido que enfrentarse?
- ¿Qué esperanzas tienen para el futuro?

5 💡 Escribe una reseña de un inmigrante. Imagina por qué dejó su país de origen, para qué fue a otro país y cómo le ha ido hasta ahora. (hoja de trabajo)

■ Expresiones claves

el exilio político

la crisis migratoria

el motor de la migración

los motivos de/para venir

la mejor manera para ...

tener un trabajo fijo

buscar asilo político

refugiarse en otro país

buscar mejores condiciones de vida

buscar un nivel de vida mejor

ganarse la vida

por la falta de alternativas

por motivos económicos

por la desesperación

las catástrofes naturales

la persecución política, étnica o religiosa

no existe otra opción que ...

tomar el camino de la ilegalidad

las situaciones políticas inestables

enfrentarse con/hacer frente a lo desconocido

💡 Gramática

Using *por* and *para*

As a general rule, *por* looks back to a cause or motive ...

◄─────── **por**

... and *para* looks forward to a purpose, aim or destination:

para ─────►

*La mayoría de los inmigrantes latinoamericanos emigran a España **por** la falta de alternativas.*

***Para** enfrentarse con lo desconocido, se necesita aprender a vivir en un gran mundo intercultural.*

B Los beneficios y los problemas de la inmigración

Vocabulario

el aporte *contribution*

beneficiarse de *to benefit from*

en su conjunto *in their area*

el crecimiento *growth*

disminuir *to reduce*

la economía sumergida *the hidden (literally 'submerged') economy*

el gasto *expense*

los impuestos *taxes*

el influjo *influx*

laboral *to do with work, working*

la mano de obra *work force*

la pérdida *loss*

a pesar de *despite*

el PIB (Producto Interno Bruto) *GDP (Gross Domestic Product)*

poseer *to have (possess)*

los recursos *resources*

restar *to take away*

señalar *to indicate, to point out*

1 Elige tu reacción a cada una de las frases (a–e).

| Creo que sí | Puede ser | Lo dudo | No, en absoluto |

a La inmigración les cuesta más a los países receptores de lo que contribuyen los inmigrantes a la economía.

b Los inmigrantes tienden a contribuir a bajar los salarios en los países receptores.

c La migración contribuye a eliminar puestos de trabajo en los países receptores.

d Los inmigrantes suelen hacer el trabajo denominado 'sucio', difícil y peligroso que los ciudadanos de los países receptores no quieren realizar.

e Los inmigrantes restan fondos públicos destinados al bienestar de la sociedad en su conjunto.

Inmigrantes ayudan a España

Si no hubiese sido por la llegada a España de más de tres millones de inmigrantes en los últimos diez años, la economía de ese país europeo podría haber disminuido.

Un estudio reciente señala que, sin el aporte de los inmigrantes, el Producto Interno Bruto (PIB) habría bajado en un 0,6%, en lugar de mostrar un crecimiento del 2,6%.

Cabe señalar también que, a pesar de poseer una tasa de natalidad muy baja, en los últimos años la población en España, gracias a la inmigración, ha pasado de 31 millones a 43 millones.

En España existen sectores de actividad que se mantienen gracias a la mano de obra representada por los trabajadores inmigrantes. Por ejemplo, en el sector de la construcción, en la Comunidad de Madrid, más del 26% de los trabajadores son inmigrantes y en Cataluña lo son cerca del 25%.

Incluso tomando en consideración la pérdida en impuestos que significaba la inmigración ilegal, España se ha visto beneficiada por el influjo de gente. La cantidad de dinero que estos inmigrantes han transferido al estado español es más elevado que la cantidad que han recibido en términos de educación y otros servicios sociales. Esto se debe a que en su mayoría estamos hablando de personas jóvenes y fuertes, entre 25 y 45 años, que no significan un mayor gasto en educación, consumen menos recursos en materia de salud y especialmente no se benefician de los sistemas de pensiones.

Sin embargo, no todo es alegría en España. Los que se oponen a esta política hablan de una amenaza a la infraestructura, señalando que no existen suficientes escuelas, hospitales y viviendas para todos.

Resumido de BBCMUNDO.com

2 a Después de leer el texto, traduce las siguientes frases y decide si son verdaderas o falsas. Escribe V o F.

i Si España no hubiera recibido a un gran número de inmigrantes en los últimos años, la economía no habría crecido.

ii Si los inmigrantes no hubieran venido a España, el PIB habría sido 0,6% en vez de 2,6%.

iii La tasa de natalidad en España habría subido si los inmigrantes no hubieran llegado a España en los últimos 10 años.

iv La población de España no habría subido de 31 millones a 43 millones si los inmigrantes no hubieran llegado.

v Habría sido difícil lograr el nivel de crecimiento en el sector de la construcción en Madrid y Cataluña si no se hubieran podido contar con los trabajadores inmigrantes.

vi Muchos de los inmigrantes no pueden contribuir a la economía del país porque son o muy jóvenes o muy viejos.

vii El gobierno español habría tenido más fondos para gastar en pensiones si no hubiera dejado entrar a tantos inmigrantes.

b 💡 Lee los artículos sobre el papel económico de los inmigrantes, y haz las actividades.

3 a Mira la siguiente lista. ¿Cuáles son los problemas y cuáles son los beneficios de la inmigración?

i la falta de derechos laborales y la explotación

ii el aislamiento

iii la falta de infraestructura y servicios para recibir al influjo migratorio

iv la mano de obra para mantener los servicios de salud

v la delincuencia juvenil

vi el apoyo económico a las familias en el país de origen

b 🔊 Escucha las entrevistas. Entre los problemas y los beneficios i–vi (ejercicio 3a), hay tres, que se mencionan en las entrevistas. ¿Cuáles son?

c 🔊 Escucha a los entrevistados otra vez. ¿Cuáles de estos inmigrantes crees que no habrían venido a Europa si hubieran sido conscientes de todas las condiciones?

4 💡 ¿Estás en pro o en contra de la inmigración? Prepara tus ideas para un debate sobre el tema siguiente (hoja de trabajo):

'La inmigración trae más beneficios que problemas a los países receptores.'

■ Expresiones claves

los países de origen

los países receptores

formar parte de la fuerza laboral

eliminar puestos de trabajo

bajar los salarios

el crecimiento de la economía

los inmigrantes sin papeles (indocumentados/ilegales/ irregulares)

se tiende a pensar

la fuga de cerebros

alimentar o provocar el racismo

quebrar la convivencia

cabe señalar

la tasa de natalidad baja/elevada

💡 Gramática

Using the conditional perfect tense with the pluperfect subjunctive

The **conditional perfect** tense is used to talk about consequences in a past conditional sentence. It often appears in a 'si' ('if') sentence with the **pluperfect subjunctive.**

*Si no hubiese sido por la llegada a España de más de tres millones de inmigrantes en los últimos diez años, la economía de ese país no **habría crecido** tanto.*

***Habría faltado** mano de obra en sectores como la construcción si no hubieran llegado tantos inmigrantes a trabajar en España.*

Vocabulario

aclarar *to clarify*

el agujero *gap, hole*

a través de *through, by means of*

comprometer *to agree*

el desarrollo *development*

desplazarse *to move*

detener *to detain*

la empresa *company, business*

la frontera *border*

el hogar *home*

la medida *measure*

occidental *west, western*

patrullar *to patrol*

proponer *to propose*

sancionar *to penalise*

trasladarse a *to move to*

1 Busca en las expresiones claves, los equivalentes de:

a   internment centre

b   EU citizens

c   to face up to, to deal with

d   freedom of movement

e   non-EU citizens

f   to have restricted entry

g   illegal immigrants

h   to close a loophole

i   to agree to, to be committed to

j   in exchange for development aid

k   fines or custodial sentences

l   domestic workers

España tiene saturados los centros de retención de inmigrantes

Las 'pateras' que llegan volando

Aunque la entrada ilegal de indocumentados que más impacta a la opinión pública española es la de los inmigrantes africanos embarcados en viejos barcos o 'pateras', las estadísticas aclaran que no es por aquí donde se producen las masivas llegadas de indocumentados, sino a través de los aeropuertos y la frontera de los Pirineos. Con la intención de cerrar este agujero, lugar por donde entran masivamente sin control miles de centroamericanos y sudamericanos cada año, el Ministerio del Interior, a través de la Policía, ha colaborado en un control fronterizo de los principales aeropuertos de Europa.

© Grupo EIG Multimedia

El grave problema de la inmigración

El gobierno español está teniendo que hacer frente al grave problema de la inmigración ilegal. Mientras en la UE y, en virtud del principio de libre circulación, los nacionales de los estados miembros pueden desplazarse libremente de un estado a otro, los ciudadanos extracomunitarios tienen restringido el acceso.

© Grupo EIG Multimedia

El gobierno español lucha contra la inmigración ilegal

Gracias a acuerdos firmados con el gobierno español, a cambio de asistencia para el desarrollo, varios países africanos han comprometido a reducir la emigración ilegal, y también a aceptar la repatriación de ciudadanos suyos. Por otra parte, España ha pedido la colaboración de los otros estados miembros de la UE en la lucha contra la migración, y en el futuro se verán barcos portugueses e italianos y aviones finlandeses patrullando la costa africana occidental.

Europa contra el empleo ilegal

Según una propuesta de la Comisión Europea, cualquier empresa o persona que emplee a inmigrantes sin documentos podría ser sancionado. Estas sanciones, que podrían ser económicas y en algunos casos penales, se aplicarían tanto a grandes empresas como a individuos empleando a trabajadores ilegales en el hogar. Con esta medida pretenden reducir el 'efecto llamada', por el cual muchos extranjeros deciden trasladarse a un país a causa de rumores de abundantes puestos de empleo.

2 Lee los textos luego contesta a las siguientes preguntas.

a ¿Qué diferencias hay entre los derechos de acceso a países de la UE para los ciudadanos comunitarios y para los extracomunitarios?

b ¿Qué grupo de inmigrantes ilegales llaman más la atención de los españoles?

c ¿Por qué crees que impacta más la llegada de esta gente?

d ¿Cómo viajan a España la mayoría de los inmigrantes indocumentados y de qué países son?

e ¿Qué hace el gobierno español para controlar la llegada de inmigrantes latinoamericanos?

f ¿Y qué hace para solucionar el problema del influjo de inmigrantes ilegales procedentes de África?

g ¿Qué medida propone la UE para reducir el empleo ilegal de inmigrantes en Europa?

h ¿Qué es el 'efecto llamada'?

Expresiones claves

a cambio de ayuda para el desarrollo
el centro de retención
cerrar un agujero
los ciudadanos extracomunitarios
comprometerse a
el control fronterizo
los empleados de hogar
hacer frente a
los (inmigrantes) indocumentados
la libre circulación
las medidas económicas o penales
los nacionales de los estados miembros
tener restringido el acceso

3 a 🔊 Escucha una entrevista sobre la inmigración ilegal. Indica con 'CZ' las frases que resumen las ideas expresadas por la Ministra, Carmen Zarzuela, y con 'E', las de la entrevistadora.

i No cree que se deba prevenir la entrada a España de todos los trabajadores extranjeros.

ii Cree que es posible controlar la inmigración ilegal.

iii No cree que sea posible controlar la entrada de todos los indocumentados.

iv Tampoco está de acuerdo en que exista la infraestructura adecuada para acoger a los ilegales que llegan en pateras.

v Propone construir más instalaciones cuando estén llenos los centros de retención.

vi No está convencida de que sea posible prevenir la entrada de inmigrantes ilegales por las fronteras.

b 🎧 ¿Cuáles de las siguientes medidas se mencionan en la entrevista? Apunta los números.

i No se permite que entren ciudadanos de la UE.

ii Se llevarán a los inmigrantes que llegan en pateras a un centro de retención antes de ser repatriados.

iii No será necesario que los inmigrantes latinoamericanos tengan papeles.

iv Habrá más control de inmigración en los aeropuertos y en las fronteras.

v Cualquier inmigrante ilegal que se encuentre viviendo en España será detenido.

4 💡🖥 Mira la conversación y haz las actividades.

5 a 💡 Prepárate para el juego de roles emparejando las preguntas con las respuestas apropiadas. (hoja de trabajo)

b 🖥🔊 Haz el juego de roles. Escucha las preguntas y las respuestas modelos. Graba tus propias respuestas, luego escucha otra vez.

6 a 💡 Lee el artículo y haz las traducciones. (hoja de trabajo)

b Escribe sobre la inmigración (250–300 palabras), tomando como punto de partida las preguntas del Ejercicio 5.

🔖 Estrategias

Expressing doubt using the subjunctive

Remember that you use the subjunctive after negative forms of verbs expressing opinions (where some doubt is implied):

¿No cree usted que ésto sea una idea poco realista?

But the subjunctive is not used for affirmative ways of expressing opinions (where no doubt is implied):

Es innegable que la inmigración es un tema muy importante.

Now you should be able to:

- find out about and explain reasons for immigration
- discuss the benefits and problems of migration
- discuss the extent of, and curbs on, immigration in Spain and in the EU

Grammar

- use *por* and *para*
- use the conditional perfect tense with the pluperfect subjunctive

Skills

- express doubt using the subjunctive

✓ ¡Haz la prueba!

1 Completa la frase con la forma apropiada de los verbos entre paréntesis.

No creo que .... (ser) justo que los comunitarios .... (poder) desplazarse libremente por todos los estados miembros de la Unión Europea.

2 Traduce la siguiente frase al inglés.

Antes del influjo migratorio, España tenía una tasa de natalidad muy baja.

3 Escribe la forma apropiada del verbo en paréntesis para completar la frase.

La población de España no .... (subir) a más de 40 millones de habitantes en los últimos años si no hubieran llegado tantos inmigrantes.

4 ¿A qué se refiere esta definición?

La matanza sistemática de muchas personas del mismo grupo étnico.

5 Completa la frase con la palabra adecuada.

Muchos inmigrantes ilegales trabajan en la economía sumergida y no tienen .... laborales.

6 ¿Qué otros términos se usan para describir a los inmigrantes 'ilegales'? Apunta dos términos.

7 Lee la pregunta y completa la respuesta.

¿Por qué no habría crecido tanto la economía de España si no hubieran llegado tantos trabajadores del este de Europa, de África y de Latinoamérica? Porque habría faltado .... en algunos sectores, como, por ejemplo, en la construcción.

8 Completa la frase con una palabra adecuada.

El envío de remesas es un .... de la emigración para los países pobres.

9 Escribe una frase que tiene el mismo significado que la siguiente.

Existe el derecho a la libre circulación para los ciudadanos de la UE.

10 Escribe una respuesta a la siguiente pregunta.

¿Crees que los países de la UE como el Reino Unido, Francia y España pueden acoger a todos los inmigrantes que quieren venir? ¿Por qué sí/no?

Study tips

Listening

In multiple choice questions make sure that you know how many answers to choose.

Speaking

Make sure you have understood the question properly before trying to answer it.

Reading

Check if there is any **artwork** in connection with the text that can give you clues.

Writing

Remember to **revise your verb forms**, including those you don't use often e.g. *vosotros* and *ustedes*.

La sociedad multicultural

5 La integración

By the end of this section you will be able to:

	Language	Grammar	Skills
A **El arraigo en el país de acogida**	■ understand and describe the problems faced by immigrants, and to discuss policies and attitudes that are helpful		■ give instructions and make suggestions
B **Convivencia de culturas**	■ discuss to which culture immigrants should show allegiance	■ use the subjunctive after expressions of possibility, probability or necessity	
C **Los vecinos nuevos**	■ report on real experiences of immigration and integration	■ use the subjunctive with verbs in different tenses	

¿Lo sabías?

■ Según un estudio realizado por la Asociación para la Integración, Madrid es un 'modelo europeo de integración'. Los datos del estudio revelan que la situación de integración que se da en la capital 'es mucho más avanzada' que la del resto de los lugares estudiados, entre otras causas, gracias a los recursos ofrecidos por las 100 asociaciones de inmigrantes. El informe presenta información sobre el proceso de adaptación de los nuevos inmigrantes en Europa y las ciudades mencionadas incluyen Tesalónica (Grecia), Milán (Italia), Dublín (Irlanda), Tubigen (Alemania) y Madrid.

■ Una encuesta llevada a cabo por el INE (Instituto Nacional de Estadística) consta que la integración en España ha iniciado un proceso de 'maduración' gracias a los matrimonios mixtos y las diferentes fórmulas de convivencia entre nacionales y extranjeros.

■ La encuesta afirma que la mayoría de los inmigrantes, al menos en su primera etapa, tienen intención de regresar a su país y ven su estancia en el extranjero como algo temporal, para prosperar y volver con los suyos. Sin embargo, las circunstancias en el país de acogida – especialmente los emparejamientos y los hijos – determinan que unos vuelvan y otros no.

Actividad preliminar

¿Cuáles son las medidas más efectivas para fomentar la integración? Trabajando en grupos, discute las siguientes ideas, luego ponlas en orden según las opiniones del grupo.

- Asociaciones dedicadas a organizar la acogida de los recién llegados.

- Campañas para promover una imagen positiva de los inmigrantes.

- Centros dedicados a informar y ayudar a los inmigrantes a resolver problemas como la documentación, la vivienda, la educación y los servicios médicos.

- Clases de ciudadanía para los inmigrantes.

- Clases de idiomas.

- Leyes contra el prejuicio y el racismo.

- Programas educativos en los colegios e institutos que enseñan el interés y el respeto por las culturas y costumbres de otros países.

El arraigo en el país de acogida

Integración de los inmigrantes: Todos ganamos

1 ¿Cuáles crees que son los mensajes de este cartel? Emplea las palabras apropiadas del círculo para inventar unos consejos.

Aprecia ...
No aceptes ...
No desprecies ...
No rechaces ...
Respeta a ...
Ten en cuenta ...
Ten interés en ...

... a los inmigrantes por ser diferentes.
... a los inmigrantes porque pueden ayudarte a ti.
... la contribución económica de los inmigrantes.
... la cultura de gente de otros países.
... los estereotipos y prejuicios que se presentan con relación a inmigrantes.
... los inmigrantes porque hacen trabajos necesarios.
... que los inmigrantes enriquecen la cultura del país receptor.

Vocabulario

a medias *half-done*
conceder *to give, to grant*
de acuerdo a *according to*
despreciar *to despise*
devolver *to return, to give or take back*
en materia de *on the subject of, with regard to*
enteramente *entirely*
la incertidumbre *uncertainty*
las políticas *policies*
el prejuicio *prejudice*
quedarse en cero *to be back to the start*
rechazar *to reject, to refuse*
el recién llegado *new arrival*
tener en cuenta *to bear in mind*

La integración a medias en Europa

Una nueva investigación de la Unión Europea revela que los estados miembros no están haciendo todo lo posible para conseguir la integración. El estudio sobre las diferentes políticas aplicadas en la Unión evalúa los países según factores clave afectando a los inmigrantes.

Entre estos indicadores destacan los siguientes: los derechos del trabajador y el acceso al mercado laboral; posibilidades de residencia permanente y para traer a su familia; medidas contra el racismo y la participación de inmigrantes en procesos políticos.

Suecia obtuvo los mejores resultados en los 140 aspectos investigados y fue clasificada por el estudio como una nación enteramente favorable a la promoción de la integración. España figura en el décimo puesto de la clasificación, por delante de países como Francia y Alemania.

Donde mejor parada sale España es en acceso laboral de los inmigrantes. Pero por otra parte, el país podría ascender en la clasificación al mejorar las habilidades lingüísticas de los inmigrantes, al establecer efectivas acciones anti-discriminación y al conceder a los inmigrantes el derecho al voto.

Al recién llegado, en cualquier país, le preocupa la incertidumbre inicial que siente con respecto a su estatus legal, lo que puede tener un impacto psicológico tremendo: uno puede sentirse como si no fuera un ser humano. Tiene miedo que a cualquier momento lo interroguen y lo devuelvan al país, de manera que se queden de nuevo en cero.

Resumido de Migrantes en línea

2 Lee el texto y contesta a las preguntas.

  a ¿Qué te dice el título del texto sobre la integración en Europa?

  b ¿De acuerdo a qué se evalúa a los países comunitarios?

  c ¿Cuáles son los seis factores más importantes para la integración, según la investigación?

  d ¿Qué país salió en primer lugar en la promoción de la integración?

  e ¿En qué lugar se calificó España?

  f ¿En qué área de la integración ha tenido más éxito España?

  g ¿Y en qué aspectos podría mejorar?

  h ¿Qué les preocupa a los recién llegados en todos los países?

  i ¿Cuál es el impacto psicológico de esta situación?

  j ¿De qué tienen miedo los inmigrantes? ¿Por qué?

3 a 🔊 Escucha la entrevista y completa las siguientes frases.

  i La mayoría de los inmigrantes recién llegados de África, Asia y el este de Europa no saben …

  ii Los propietarios no quieren alquilar pisos a inmigrantes o les alquilan pisos o casas …

  iii Los inmigrantes no consiguen empleo o se les emplea pero …

  iv En las grandes ciudades no hay puestos suficientes …

  v Además, los profesores no tienen la … para enseñar a niños que no hablan español.

  vi Muchos inmigrantes dicen que se sienten …

  b Empareja los problemas i–vi del ejercicio 3a con las siguientes soluciones.

  i Fomente la formación de profesores.

  ii Mejore la imagen pública de la inmigración.

  iii No discrimine a los inmigrantes que buscan vivienda.

  iv No explote a los inmigrantes en el trabajo.

  v Organice más cursos para enseñar español.

  vi Provea más puestos en los colegios en las ciudades con mayor concentración de inmigrantes.

  c 💡🔊 Escucha las grabaciones y haz las actividades.

4 💡 Prepara tus ideas para un debate sobre la integración. Apunta tus respuestas a las siguientes preguntas para servir de punto de partida. (hoja de trabajo)

  • ¿Cuáles son los factores clave que afectan la vida de los inmigrantes?

  • ¿Qué tipo de problemas crees que tienen los inmigrantes en tu país o región?

  • ¿Crees que en tu país o región se está haciendo todo lo que realmente se podría hacer en materia de integración?

  • ¿Qué se debe hacer para facilitar la integración?

5 💡 Escribe una carta a un periódico o al diputado de tu ciudad o región, resumiendo los problemas de los inmigrantes y dando una lista de consejos para facilitar su integración. (hoja de trabajo)

■ Expresiones claves

aceptar las normas

asimilar a

convertir a (alguien) en vulnerable

convertirse en guetos

evitar la discriminación/la explotación/la marginación

extrañar a su familia y amigos

facilitar la integración

hacer a (alguien) más consciente de

mejorar la imagen pública de

sentirse despreciado/rechazado/respetado

ser imprescindible

sin derechos laborales

tener acceso a

viviendas en mal estado

🔑 Estrategias

Giving instructions and making suggestions

Use infinitives for making impersonal or more formal suggestions or instructions:

Evitar *la discriminación y la explotación en el trabajo.*

Garantizar *el acceso a la educación.*

When you use the imperative, remember that you need the subjunctive for:

■ All 'Usted' imperatives: **No rechacen** *a los inmigrantes.* **Respete** *la cultura de gente de otros países.*

■ All negative imperatives. **No desprecies** *a los inmigrantes por ser diferentes.*

Convivencia de culturas

Vocabulario

apoyar *to support*

por consiguiente *consequently*

convivir *to live together in harmony*

imprescindible *essential*

mestizo *mixed-race*

plantearse *to be in evidence*

el principio *principle*

el reto *challenge*

el sentimiento de pertenencia *feeling of belonging*

sostener *to sustain, to uphold*

sumo *greatest, utmost*

una tarea *a task*

el temor a *fear of*

el velo *veil*

1 Lee las políticas de cuatro países europeos sobre el uso de los símbolos religiosos en público. ¿A qué país crees que pertenece cada una?

a   Está prohibido llevar símbolos religiosos visibles en las escuelas estatales. Es decir, se prohibe llevar los velos islámicos, los crucifijos cristianos y las kipás judías.

b   No hay una prohibición sobre llevar símbolos religiosos pero las escuelas pueden decidir sobre su código de vestimenta.

c   Desde 2005 se prohibe esconder el rostro del público, incluyendo el uso del burka.

d   Por el momento, el gobierno ha decidido no regular el uso de los símbolos religiosos en las escuelas.

- España
- Francia
- Italia
- El Reino Unido
- Suecia

El pluralismo cultural

Hoy día una de las principales tareas que se plantea en el terreno político es el pluralismo cultural. Es una doble tarea de alcanzar la unidad en la diversidad. Hay que organizar esta diversidad de manera que los distintos grupos étnicos convivan mejor.

La pluralidad de las sociedades multiraciales, multiétnicas y mestizas puede despertar el temor a perder la identidad y estimula la necesidad de conservar tradiciones culturales que apoyan el sentimiento de diferencia de cada cultura. Por consiguiente, algunos creen que el multiculturalismo no funciona. Piensan que las sociedades multiculturales sostienen principios y valores que inevitablemente tienen que entrar en conflicto.

En cuanto a España, según Carmen Alcaide, ex presidenta del Instituto Nacional de Estadística, la integración es esencial. Según cifras del INE, la población extranjera subió del 0,6% del total en el año 2000 a más del 7% en 2005.

En algunas ciudades españolas, como por ejemplo Madrid y Barcelona, existen barrios enteros dominados por determinadas nacionalidades, evidenciadas por sus restaurantes, tiendas etc. Algunos españoles rechazan a estos grupos, ya que creen que la sociedad no puede absorber a tantos inmigrantes, y a consecuencia la integración racial se hace más difícil.

¿Se puede preservar la diversidad cultural, promoviendo al mismo tiempo la unidad nacional y un sentimiento de pertenencia? ¿Es posible esa 'identidad nacional' que les una a todos los grupos y a todas las comunidades viviendo en un país?

Son preguntas muy difíciles de contestar, pero de suma importancia. Representan retos esenciales para Europa, ya que en el futuro será necesario fomentar la convivencia si queremos alcanzar la cohesión social.

Resumido de www.prodiversitas.bioetica. org

2 Pon las siguientes ideas en el orden en que se mencionan en el texto.

a Algunas personas piensan que es imposible que varias culturas coexistan sin conflicto.

b Cómo conseguir la unidad en países multiraciales es uno de los problemas más importantes de nuestra sociedad.

c El número de ciudadanos extranjeros viviendo en España ha subido rápidamente.

d Es necesario que alcancemos una buena convivencia entre distintos grupos étnicos.

e Los recién llegados tienden a formar colonias de gente de la misma nacionalidad.

3 a 🔊 Escucha el debate y elige, para las siguientes ideas, 'David', 'Mireia' o 'no se menciona'.

i Es posible, para un inmigrante, que conserve su propia cultura y al mismo tiempo que forme parte de la sociedad del país receptor.

ii Cuando los recién llegados viven en barrios donde hay muchos de sus compatriotas, puede ser más difícil integrarse.

iii Cada quien debe seguir sus propias creencias siempre que éstas no hagan daño a otros.

iv Los inmigrantes que no aceptan las leyes y normas del país, que se marchen.

v Es necesario que aceptemos las costumbres del país donde vivimos.

vi La tolerancia y el respeto son los valores imprescindibles para alcanzar la convivencia.

vii Es posible que el multiculturalismo no fomente la unidad.

viii Es muy importante conseguir la unidad para evitar conflictos.

b Traduce las frases i–viii del ejercicio 3a al inglés.

c 💡🎧 Escucha el debate otra vez y haz las actividades.

4 💡📝 Escucha las preguntas y las respuestas modelo. Luego graba tus propias respuestas y escúchalas.

5 💡 Apunta tus opiniones sobre los siguientes temas para luego comentar en grupos o en clase (hoja de trabajo):

- ¿Es posible que los distintos grupos étnicos puedan integrarse a la sociedad y también conservar su propia cultura?
- ¿Cuáles son los factores que facilitan la integración y cuáles son los factores que lo impiden?
- ¿Qué debemos hacer para crear un sentido de unidad en una sociedad multiracial?
- ¿Qué se puede hacer para promover un sentimiento de pertenencia?

6 💡 Escribe tus opiniones para contestar a una de las preguntas del ejercicio 5. (hoja de trabajo)

Expresiones claves

'al lugar que fueras, haz lo que vieras'

aceptar las leyes y normas

aferrarse a

la convivencia de culturas

las creencias diferentes

los distintos grupos étnicos

fomentar la unidad

hacer daño a

no convivir sino coexistir

la pluralidad/diversidad de la sociedad

las raíces

sentir lealtad hacia

sentir temor a

una sociedad multiracial y multiétnica

la tolerancia

David

Mireia

💡 Gramática

The subjunctive for expressing possibility, probability and necessity

The subjunctive is used after expressions of possibility, impossibility, probability, improbability and necessity:

*¿Es posible para un inmigrante que **conserve** su propia cultura y, al mismo tiempo, que **forme** parte de la sociedad del país receptor?*

*No es probable que España **prohiba** el uso de los símbolos religiosos en público.*

*Es necesario que **respetemos** las costumbres y creencias de otros.*

C Los nuevos vecinos

1 ¿Qué te dicen el título y las dos primeras frases del artículo de la integración y la convivencia en Nou Barris?

flickr.com

Los nuevos vecinos de Nou Barris

En Barcelona hay un barrio donde no hay inmigrantes. Lo que hay son vecinos nuevos y vecinos viejos.

Es un barrio que se creó por quienes, hace medio siglo, llegaron de otras regiones de España y que sigue creciendo con los que llegan de otras partes del mundo. Se llama Nou Barris, un barrio que apuesta por la integración.

El barrio cuenta con Nou Barris Acoge, una red de más de 60 asociaciones, organizaciones y entidades civiles que operan en este distrito y cuyo máximo objetivo es facilitar la integración entre el extranjero y la sociedad que lo recibe.

El barrio fue construido a través de la inmigración interior de los años 50, 60 y 70. En aquella época las calles estaban sin asfaltar, no había escuelas ni servicios sanitarios. Pero ahora no quedan caminos de tierra. Ahora hay avenidas, centros comerciales y bloques de pisos modernos.

A partir de los años 90 llegó una nueva ola de inmigración y con la novedad de los nuevos inquilinos, también llegaron noticias preocupantes de otras ciudades de España y Europa donde estaban apareciendo brotes xenófobos, algo que no se podía permitir un barrio con tradición de inmigrantes.

'Nosotros sabemos lo que es emigrar, sabemos lo que es dejar la tierra de cada uno, el sufrimiento que supone,' dice Lourdes Ponce, que llegó de Andalucía a Barcelona en los años 70. Añade José Miguel Benítez, otro miembro de Nou Barris Acoge: 'Así que decidimos empezar a trabajar de forma preventiva. Nos pusimos a ver qué se podía hacer para incorporar a estos nuevos vecinos y ver su llegada como algo positivo, un aporte a la unidad para mejorar el barrio.'

Resumido de BBCMUNDO.com

2 a Lee el texto y contesta a las preguntas.

i ¿Qué es Nou Barris y quiénes son sus inquilinos?

ii ¿Qué es Nou Barris Acoge? Menciona dos de sus objetivos.

iii ¿Cómo era Nou Barris en los años 50, 60 y 70 y cómo es ahora?

iv ¿Qué empezó durante los años 90? Menciona dos cosas.

v Como resultado de la nueva ola migratoria, ¿qué decidieron hacer los 'viejos vecinos' y por qué les pareció importante apostar por la integración y la convivencia?

vi ¿Cómo sabemos que a Lourdes Ponce le dio pena irse de Andalucía?

b 💡 Lee la continuación del artículo sobre Nou Barris y haz las actividades.

3 a 🎧 Escucha las entrevistas con cuatro mujeres inmigrantes, Hortance, Leticia, Shama y Bizza. Son dos madres y dos hijas, que ahora viven en España. Copia y completa la tabla.

	Hortance y Leticia	Shama y Bizza
¿Cuánto tiempo hace que viven en España?		
¿De dónde son?		
¿Qué problemas han encontrado en su nuevo país?		
¿Qué ventajas mencionan en cuanto a su nuevo país?		

b 🎧 Vuelve a escuchar las entrevistas y anota: ¿Qué contrastes culturales han notado Shama y Bizza entre España y su país de origen?

4 💡 Apunta tus respuestas a las siguientes preguntas y luego compara tus ideas con tu pareja o en grupos. (hoja de trabajo)

- ¿Cuáles de las ideas y medidas para la integración en Nou Barris te parecen más efectivas?
- ¿Por qué?

5 💡 Has visto la siguiente opinión en el internet y quieres mandar una respuesta, contradiciendo las ideas expresadas en ella. (hoja de trabajo)

- Empieza diciendo que no estás de acuerdo.
- Da sugerencias sobre como facilitar la integración y la convivencia.
- Concluir con un resúmen de los beneficios de la integración.

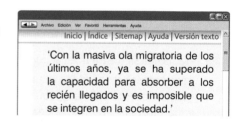

‘Con la masiva ola migratoria de los últimos años, ya se ha superado la capacidad para absorber a los recién llegados y es imposible que se integren en la sociedad.’

💡 Gramática

The subjunctive with verbs in different tenses

When the main verb in a sentence is in the present, future, perfect or imperative, the subjunctive verb is usually in the present.

When the main verb is in a past tense (imperfect, preterite or pluperfect), the subjunctive verb is usually in the imperfect.

main verb: present	
*La asociación **ofrece** clases de idiomas, con el fin de que se **fomente** la integración.*	The association offers language classes with the aim that integration is encouraged.
subjunctive verb: present	

main verb: preterite	
*Mis amigas me **enseñaron** español a cambio de que yo les **enseñara/enseñase** francés.*	My friends taught me Spanish on condition that I taught them French.
subjunctive verb: imperfect	

Expresiones claves

a cambio de que

a pesar de (que)

con el fin de (que)

convencer a

incentivar el intercambio de culturas

llegar a fin de mes

ofrecer asesoramiento jurídico

para lograr que

por lo menos

potenciar a (entidades) a

reunir en el mismo escenario

el sentido común

seguir las pautas

Now you should be able to:

■ understand and describe the problems faced by immigrants, and to discuss policies and attitudes that are helpful

■ discuss to which culture immigrants should show allegiance

■ report on real experiences of immigration and integration

Grammar

■ use the subjunctive after expressions of possibility, probability or necessity

■ use the subjunctive with verbs in different tenses

Skills

■ give instructions and make suggestions

✔ ¡Haz la prueba!

1 Completa la frase con una palabra adecuada.

Para evitar la discriminación y los prejuicios, intentamos crear una _____ más positiva de la inmigración.

2 ¿A qué se refiere esta definición?

El hecho de no identificarse con la unidad nacional, de sentirse rechazado y de estar al margen de la sociedad.

3 Escribe una frase que tiene el mismo significado que la siguiente.

Hay que promover un concepto más positivo de la inmigración.

4 ¿A qué se refiere esta descripción?

Un grupo de jóvenes que se reúnen en sus ratos libres y que se identifican con el grupo como si fuera una tribu.

5 Traduce la siguiente frase al inglés.

Cómo conseguir la unidad en una nación multiracial es uno de los problemas más importantes de nuestra sociedad.

6 Lee la pregunta y completa la respuesta.

¿Crees que los inmigrantes deben rechazar las costumbres y creencias de su país de origen para integrarse en la sociedad del país receptor? No, pero si la gente va a vivir a otro país, es necesario que _____

7 Escribe la forma apropiada del verbo en paréntesis para completar la frase.

A pesar de los prejuicios que _____ (surgir) últimamente hacia las pandillas callejeras latinoamericanas, las asociaciones civiles han logrado mejorar la opinión pública de los chavales de origen latino.

8 Escribe la forma apropiada del verbo en paréntesis para completar la frase.

Antes de que _____ (llegar) la ola migratoria de extranjeros a Barcelona, vinieron muchos inmigrantes de otras partes de España.

9 Completa la frase con la palabra adecuada.

Para fomentar la integración y la cohesión social, hay que promover un sentimiento de pertenencia y _____ nacional.

10 Apunta dos factores para contestar a esta pregunta.

¿Qué factores, en tu opinión, facilitan la integración?

Study tips

Listening

Know your **verb forms** so that you can distinguish between e.g. *trabajé* and *trabaje*.

Speaking

Be aware that the examiner may change the topic or appear to interrupt you.

Reading

Read the rubric carefully. If an answer is required in Spanish, do not give it in English (or vice versa).

Writing

Remember when answering in Spanish, written **accents** count.

La sociedad multicultural

6 El racismo

By the end of this section you will be able to:

	Language	Grammar	Skills
A ¿Racista, yo?	■ discuss reasons for racism and what it means	■ use *ser* and *estar*	
B Las víctimas del racismo	■ describe the experiences of victims of racism		■ avoid using the passive
C ¿Jamás se eliminará el racismo?	■ discuss measures to eliminate racism, and their effectiveness	■ recognise the passive form in different tenses	

¿Lo sabías?

■ En el entorno violento de las hinchadas de fútbol se encuentra una forma organizada de comportamiento racista, lo que ha resultado en una legislación restrictiva contra las muestras de odio racial. Sin embargo el 58% de los encuestados no cree que se deba suspender un partido por motivo de insultos racistas.

■ Según un estudio el 80% de las inmobiliarias de Bilbao se niega a alquilar pisos a extranjeros. En Barcelona se alquilan balcones a inmigrantes para que puedan dormir a 180 euros mensuales. En España el 20% de inmigrantes vive en menos de 10 metros cuadrados y el 47% vive como inquilino realquilado.

■ Uno de cada tres escolares madrileños dice que sus compañeros son racistas. Además el 44% de los encuestados piensa que apenas hay mezcla de razas en su clase.

Actividad preliminar

Lee el artículo y rellena los espacios en blanco con las palabras de la lista.

El derecho internacional [1] .... los derechos humanos a toda persona sin distinción por motivos de raza, color, sexo, idioma, religión, opinión política o de otro tipo, nacionalidad, posición [2] .... o social, nacimiento u otra condición.

Según este principio privar a alguien de sus derechos debido a una [3] .... que esa persona no puede cambiar – como la raza o la etnia – viola los principios internacionales de derechos humanos.

Los gobiernos están obligados a tomar [4] .... fundamentales para garantizar el derecho de toda persona a no padecer discriminación. También deben proteger eficazmente contra la [5] .... en la comunidad en general. Las [6] .... e instituciones del Estado deben abordar las causas fundamentales de la discriminación, no reproducirla ni fomentarla con fines [7] ....

www.amnesty.org/es

característica	económica	garantiza
leyes	medidas	políticos	violencia

A ¿Racista, yo?

1 Comenta sobre la viñeta con tus compañeros.

- ¿De qué tipo de prejuicios puede sufrir cada uno de los tres primeros hombres?
- ¿Por qué les llama la atención el cuarto hombre?
- ¿Qué nos dice la viñeta de nuestra sociedad?
- ¿A qué otros grupos se les discrimina y de qué maneras?

¡Madre mía!

¡Bajito, gordo y negro... qué barbaridad! ¡Lo debe de pasar fatal!

¡Qué pasada!

Vocabulario

Al-Andalus *name given to Muslim Spain*

el atraso *backwardness*

dar el alto y registrar *to stop and search*

dar rabia *to make angry*

depende de los ojos con que se mire *it depends on how you look at it*

haya quien diga *some would say*

la masificación *overcrowding*

el motín *revolt*

el orgullo *pride*

¡Qué barbaridad!/¡Qué pasada! *Incredible! How awful!*

la Reconquista *Conquest of Muslim Spain by Christian kingdoms*

vincularse *to be linked*

Los orígenes del racismo en España

El racismo en España se ha justificado por razones económicas, sociales o políticas. La imposible definición de la inexistente raza española no ha impedido la xenofobia y el odio religioso.

Los conflictos con aspectos racistas más importantes de la historia de España son las luchas religiosas de la Edad Media. Para los reinos cristianos, son la Reconquista y la Repoblación de Al-Andalus que puede entenderse como una limpieza étnica. Las batallas se celebran aún en las fiestas populares que llevan el nombre de 'Moros y Cristianos'.

Desde finales de la Edad Media se origina la cuestión denominada limpieza de sangre, que condujo a la expulsión de los judíos (1492) y la discriminación de los cristianos nuevos por la Inquisición. Se ha argumentado que el atraso en la evolución económica y social de España durante siglos se debe a su política racista.

La llegada de los gitanos a la península ibérica en el siglo XV fue acompañada de una legislación racista. La pretensión de los Reyes Católicos era forzar la asimilación o la expulsión. La posterior situación de los gitanos ha sido objeto de una clara discriminación racial hasta la actualidad.

Los grupos neonazis que se formaron a finales del siglo XX se destacan por sus actitudes contrarias a la inmigración. La policía calcula que en España hay casi 10.000 'ultras' y neonazis.

Desde finales del siglo XX el crecimiento de la inmigración se vincula a la xenofobia de la clase trabajadora cuando ve en el inmigrante un competidor. En febrero de 2000 en El Ejido, Almería, zona de agricultura intensiva con una gran presencia de temporeros norteafricanos, la tensión que producía su masificación y falta de integración con la población local terminó estallando en un motín contra ellos.

http://es.wikipedia.org

2 a Lee el artículo y los títulos abajo. Hay un título para cada párrafo del artículo. Pon los títulos en el orden correcto.

- Reglas religiosas dominan la sociedad
- Las bandas racistas
- Enfrentamientos medievales
- La identidad nacionalista
- Violencia contra la mano de obra extranjera
- Prejuicios contra la gente romaní

b **Lee el texto y contesta a las preguntas en español.**

i ¿Cómo describe el texto la Reconquista de la zona musulmana por los reyes cristianos?

ii ¿Qué pretendía hacer a la población gitana la legislación de los Reyes Católicos?

iii ¿Qué causó el motín contra la población norteafricana en Almería en el 2000?

iv ¿A qué se oponen los grupos ultraderechistas?

3 a 🔊 ¿Quién lo dice? Elige la persona correcta para cada frase: **Almudena, Pedro, Isabel, Montse o Isidoro.**

i Culpa la inmigración de mantener bajos los salarios de los trabajadores.

ii Se considera racista porque ve que su raza es discriminada.

iii Opina que no hay derecho que las personas sufran por ser de una minoría étnica.

iv Le han llamado racista por no querer hablar con un extraño embriagado.

v Echa la culpa a los inmigrantes por el aumento de la criminalidad en el país.

b 💡🔊 Escucha la entrevista con Benjamín Salgado y haz las actividades.

4 a 💡✏ Haz el juego de roles.

b 💡 Haz una encuesta sobre el racismo a tus compañeros. Piensa en tus propias respuestas también. (hoja de trabajo)

5 💡 Escribe un resumen de las opiniones sobre el racismo de tus compañeros. Compara sus opiniones con las tuyas. (hoja de trabajo)

▉ Expresiones claves

la asimilación/integración
cobrar salarios
la delincuencia
el enfrentamiento
la expulsión
juzgar
la lucha
el lugar de procedencia
el mestizo
la minoría étnica
pagar impuestos
la raza

💡 Gramática

Using *ser* and *estar*

Ser and *estar* both mean **to be**, but they are used for different purposes

Use *ser*:

▉ before nouns, pronouns and adjectives to define something or describe a fundamental characteristic: *No soy racista.*

▉ in expressions of time and stating amounts or measurements: *Son las dos.*

▉ to imply that someone or something is of a particular type: *Mi amigo es gitano.*

Use *estar*:

▉ before adjectives to describe temporary conditions: *Estoy resfriada.*

▉ with prepositions to state location: *Estamos en Almería.*

Las víctimas del racismo

Vocabulario

aguantar *to put up with*
amenazar *to threaten*
arraigado *rooted, fixed*
burlarse de *to make fun of*
denunciar *to report*
el golpe *blow*
el juicio *judgement*
menospreciar *to scorn, to despise*
merecer *to deserve*
la pandilla *gang*
el patrimonio *heritage*

1 a Existen varias manifestaciones del racismo. Empareja cada manifestación con su descripción.

i   Se utilizan características negativas y exageradas que son juicios basados en datos insuficientes para etiquetar a las personas.

ii Se evita al grupo, no se le habla, no se le quiere ver.

iii Se habla de manera ofensiva del grupo y al grupo.

iv Un comportamiento que menosprecia al grupo, lo trata mal, lo recompensa menos que a los otros, lo boicotea e incluso lo excluye.

v   Se burla, se importuna, se amenaza, se agobia o se perjudica el patrimonio del grupo.

a abuso verbal   b estereotipación   c evitación

d discriminación   e exclusión

b **Da ejemplos de diferentes manifestaciones del racismo.**

Un congoleño tetrapléjico tras un ataque racista

Miwa Buene Monake ha denunciado que ocho meses después de ser brutalmente agredido en plena calle, su agresor, Roberto Alonso de Varga, está en libertad sin fianza, mientras que él ha quedado tetrapléjico de por vida.

Miwa, un economista congoleño que trabajaba como intérprete, llevaba una vida normal hasta que el 10 de febrero pasado fue atacado por la espalda por un joven de estética nazi que le dio un fuerte golpe en la nuca que le ha dejado tetrapléjico. En una rueda de prensa para denunciar su situación, Miwa ha explicado que su agresor le increpó y le dijo: '¡Arriba España! Eh, tú, mono, tu sitio no está aquí, tu sitio está en el zoo'.

'Yo no quería discutir –ha explicado– porque a la derecha había varias personas y me di cuenta de que eran de su grupo, pero al cambiar de acera recibí un golpe muy fuerte y no me di cuenta de nada más hasta que me desperté en el hospital.' Allí permaneció 17 días en coma. 'Siete meses después –ha asegurado–, el fiscal ni siquiera estaba enterado de los hechos y yo sólo pienso que el mismo agresor me puede hacer daño una segunda vez'. ©EFE

Miwa Buene Monake, en la rueda de prensa que ha ofrecido en el Centro de Lesionados Medulares de Vallecas

2 a Busca en el texto las frases o palabras equivalentes a las siguientes.

i   after being assaulted

ii free without bail

iii press conference

iv to report his circumstances

v   reprimanded him

vi when I crossed the street

vii I don't remember anything else

viii was not aware of the facts

b Lee las siguientes frases y escribe V (verdadero), F (falsa) o N (no se menciona). Hay una frase falsa: corrígela.

i   Miwa Buene Monake fue atacado hace ocho meses.

ii   Un golpe en la espalda ha dejado a Miwa tetrapléjico.

iii   Su agresor le abusó verbalmente.

iv   Miwa teme que Roberto Alonso de Varga le agreda otra vez.

v   El incidente está grabado y se puede ver en internet.

c 💡 Lee los textos y haz las actividades.

3 'Aquí venís sólo a robar'

a 🎧 ¿Quién es? o ¿Quiénes son? ¿Jorge, Alex, María, Carlos o Sarita?

i   Es estudiante.

ii   Se ve peor tratada incluso que un inmigrante.

iii   Son del Ecuador.

iv   Da unos ejemplos de discriminación y explica las reacciones de los jóvenes migrantes.

v   Vive en España desde hace 3 años.

b 🎧 Escucha las entrevistas otra vez. ¿Quién dice qué?

i   Prefiere los colegios públicos porque hay menos racismo.

ii   Las pandillas se han creado para proteger a los individuos de los ataques violentos.

iii   Las condiciones de trabajo suelen ser más duras para los extranjeros.

iv   Se siente impotente ante su exclusión social.

v   No quiere hacer sufrir a sus padres.

vi   Es víctima de actitudes discriminatorias por parte de los extranjeros.

vii   Aguanta las actitudes racistas en silencio.

viii   Los ataques raciales son contínuos y tienen muchas formas.

ix   Los profesores animan a los jóvenes inmigrantes a seguir cursos de formación antes que a estudiar en la universidad.

x   Los insultos se centran en el color de piel, o la forma de vestir.

4 a Discute con un(a) compañero/a: ¿Cuál de las siguientes experiencias de jóvenes extranjeros os disgustaría más?

i   Sentirte humillado por los comentarios que has tenido que escuchar por ser extranjero

ii   Que te llamen cosas como 'sudaca de m...' y otras cosas peores

iii   Aguantar los insultos en silencio

iv   No poder contar la situación a tus familiares

v   Estar mucho tiempo sin ver a tus padres

vi   Que los profesores te infravaloren

vii   Que las condiciones de trabajo sean más duras para los extranjeros

viii   Que te insulten por el color de tu piel o forma de vestir

ix   Ver pintadas racistas en las paredes

x   Que te persigue e intenta darte una paliza un grupo de chicos

b 💡 Haz las actividades de pareja. (hoja de trabajo)

5 💡 Escribe una carta a un periódico sobre un incidente racista que hayas presenciado. (hoja de trabajo)

▪ Expresiones claves

agobiar

abusar, el abuso verbal/físico

ser agredido/apuñalado/atacado

boicotear

discriminar, la discriminación

estereotipar, la estereotipación

etiquetar

excluir, la exclusión

el extranjero

el gitano

infravalorar

el prejuicio

🌀 Estrategias

Ways to avoid using the passive

The passive voice is much less commonly used in Spanish than in English; it sounds awkward in spoken Spanish so you should consider one of the following ways to avoid it.

▪ Make the sentence active: *Una banda de violentos apuñaló a mi hijo.*

▪ If it is not important who carried out the action, use the reflexive pronoun *se* with the third person singular or plural of the verb: *Se apuñaló a mi hijo.*

▪ Use the third person plural: *A mi hijo le apuñalaron.*

¿Jamás se eliminará el racismo?

Vocabulario

la deportividad *sportsmanship*
desplegar *to unfurl*
la escudería *motor-racing team*
extremar *to maximise*
el fallo *verdict*
las infracciones *infringements*
jugarse *to risk*
la normativa *regulations*
la pancarta *banner*
el par *opposite number (in politics)*
el rostro *face*
el simio *ape*
ultrajado *offended*

1 a Busca en la lista de Expresiones claves los equivalentes de estas expresiones en inglés.

i   to set up
ii awareness
iii commercial
iv to improve
v   to give access
vi to help
vii to fine
viii prison sentences

b Traduce las siguientes frases claves al inglés.

i   montar campañas de sensibilización
ii   celebrar la diversidad multirracial
iii filmar spots televisivos antirracistas
iv   mejorar la imagen de grupos étnicos
v   facilitar la integración
vi   reducir las dificultades socioeconómicas
vii prestar ayuda en el campo educativo
viii multar a los espectadores racistas de eventos deportivos
ix   suspender eventos deportivos si hay racismo
x   eliminar de competiciones a clubes de fútbol
xi   imponer penas de cárcel

Mientras las quejas se multiplican en Gran Bretaña por los insultos racistas contra el joven piloto Lewis Hamilton, los responsables del circuito barcelonés de Montmeló afirman que harán todo lo posible para evitar que los incidentes se repitan en el Gran Premio de Cataluña.

Insultos racistas fueron proclamados a gritos el viernes y sábado contra el británico Lewis Hamilton de la escudería McLaren, primer piloto negro de la historia de la Fórmula 1, durante los entrenamientos realizados en Montmeló. Un grupo de aficionados españoles seguidores de Fernando Alonso recibió a Hamilton con gritos de 'negro de m...' cada vez que salía de su box y fueron desplegadas pancartas contra el piloto inglés, según la prensa española.

Los británicos se sienten ultrajados por insultos racistas a Lewis Hamilton

La prensa británica publicó fotografías de un grupo de personas con el rostro pintado de negro y vistiendo camisetas con las inscripciones: 'Familia de Hamilton'. '¿Cómo es posible que entrase al circuito gente vestida de esa manera?', se preguntó el Ministro de Deportes británico, Gerry Sutcliffe, quien sugirió la suspensión del Gran Premio.

Además, dijo que su intención es pedir explicaciones a la FIA (Federación Internacional del Automóvil) y a su par español. 'No es la primera vez que deportistas británicos reciben insultos racistas en España', recordó. En noviembre de 2004, durante un encuentro entre las selecciones juveniles de fútbol en Madrid, algunos hinchas españoles hicieron gestos y gritos de simios ante los jugadores ingleses negros.

'Nos jugamos mucho y podríamos perder mucho, así que en el Gran Premio no vamos a tolerar nuevos casos como los vividos', afirmó el director del circuito, Ramón Praderas. 'Extremaremos las medidas de seguridad, nos preocupa mucho.'

© AFP

2

a Desgraciadamente las actitudes racistas siguen siendo comunes, por ejemplo en el mundo del deporte. Pero ¿qué se hace para impedir ese tipo de comportamiento? Lee el texto y contesta a las preguntas usando tus propias palabras en español.

  i   ¿Quienes insultaron a Hamilton en Montmeló y cómo lo hicieron?
  ii   ¿Cuáles han sido las reacciones?
  iii ¿Qué ha asombrado al Ministro de Deportes británico?
  iv   ¿Qué ocurrió en 2004?
  v   ¿Por qué se van a extremar las medidas de seguridad en el Gran Premio?

b 💡 Lee el artículo sobre las sanciones anunciadas por FIFA para combatir el racismo en el fútbol, y haz las actividades.

3

a 🔊 Escucha la noticia de radio. ¿Cómo se dicen las siguientes frases en español?

  i   sentences have been passed
  ii   offences
  iii   for assaulting
  iv   they beat up
  v   they injured
  vi   which can be appealed
  vii   aggravation
  viii it was a proven case of
  ix   a criminal record
  x   (they) were also stabbed
  xi   belong
  xii   they made their way

b 🔊 Escucha la noticia otra vez. Para cada frase elige Zaragoza o Barcelona.

  i   Los condenados tenían antecedentes criminales.
  ii   Insultaron a los agentes que les detuvieron.
  iii   El delito ocurrió en un bar.
  iv   Algunos de los acusados eran miembros de un clan violento.
  v   Dos hombres ultraderechistas fueron condenados.
  vi   Tres de los condenados son parientes de un asesino.
  vii   Apalearon a dos negros.
  viii Uno de los condenados fue multado.
  ix   La sentencia se puede recurrir.
  x   Cinco agresores apalearon a seis personas.

4 💡 Discute con un(a) compañero/a la eficacia de varias medidas para combatir el racismo. (hoja de trabajo)

5 💡 Escribe un artículo sobre las mejores maneras de combatir el racismo si existe en tu comunidad. (hoja de trabajo)

Expresiones claves

celebrar la diversidad multirracial

eliminar de competiciones a clubes de fútbol

facilitar la integración

filmar spots televisivos antirracistas

imponer penas de cárcel

mejorar las dificultades socioeconómicas

mejorar la imagen de grupos étnicos

montar campañas de sensibilización

multar a los espectadores racistas de eventos deportivos

prestar ayuda en el campo educativo

suspender eventos deportivos si hay racismo

💡 **Gramática**

The passive in different tenses

To form the passive voice, use the verb *ser* plus the past participle. The person who performed the action (the 'agent') is introduced by *por*. Remember that the past participle agrees with the subject.

*Mi hija **fue apuñalada por** una banda de violentos.*

The agent in a passive sentence is not always mentioned.

*Siete hombres **son acusados** de atentados racistas.*

The passive voice can be used in different tenses by changing *ser* appropriately.

*El deportista no **era** bien **tratado** por los hinchas.*

*La nueva normativa **será implementada** por la Liga Española de Fútbol.*

Now you should be able to:

- discuss reasons for racism and what it means
- describe the experiences of victims of racism
- discuss measures to eliminate racism, and their effectiveness

Grammar

- use *ser* and *estar*
- recognise the passive form in different tenses

Skills

- avoid using the passive

✔ ¡Haz la prueba!

1 Pon la siguiente frase en el pasivo.

La mayoría de la población excluye a la gente romaní y las autoridades no toman en serio la situación.

2 ¿A qué actitud se refiere esta definición?

Se utiliza características negativas y exageradas que son juicios basados en datos insuficientes para etiquetar a las personas.

3 Traduce la siguiente frase al inglés.

A Hassan y Fátima les han dado permiso para quedarse en el país.

4 Contesta a la siguiente pregunta.

¿Quiénes son las principales víctimas de racismo en España?

5 Completa la frase utilizando el pasivo.

Una serie de nuevas sanciones para los incidentes racistas en el fútbol...

6 Escribe una definición de 'registrar a alguien'.

7 Escribe una respuesta adecuada a esta opinión.

Habrá quien diga que soy racista pero yo creo que la xenofobia crece cuando la clase obrera ve en el inmigrante un competidor.

8 Rellena los espacios con la forma adecuada de 'ser' o 'estar'.

Se realiza una gran batalla en el castillo que [a]... en la plaza de España. El lugar se engalana como si [b]... la Edad Media. La oferta de paz [c]... rechazada y comienza una lucha en la que los moros [d]... derrotados.

9 Escribe una frase que tenga el mismo significado que la siguiente.

Hay que reconocer la magnitud del fenómeno y erradicarlo poniendo en práctica varias medidas.

10 Escribe unas palabras para completar la frase de manera lógica.

Se acepta que la educación es _____ el racismo.

Study tips

Listening

Remember that some words **sound the same but have different meanings** so if, for example, you hear the word como and think of it as an adverb (as in vive como un rey and ¿Cómo estas? respectively), ask yourself if it could be a verb (como zanahorias) and have a completely different meaning.

Speaking

When revising vocabulary, some people find it easier to memorise groups of words if they draw a **spidergram** for a topic with a core word in the middle and related words surrounding it.

Reading

Do not confuse the imperfect tense endings – stem + *-ía* ('used to' or 'was doing') – with the conditional – infinitive + *-ía*. Examples: *hacía* 'I used to do' and *haría* 'I would do'; *leías* 'you used to read' and *leerías* 'you would read'.

Writing

Plan your structure before you start writing your final answer. Make some bullet points for possible content, and jot down relevant words. See where these can be used in your structure.

Asuntos sociales de hoy día

7 La riqueza y la pobreza

By the end of this section you will be able to:

	Language	Grammar	Skills
A **Causas de la pobreza**	■ discuss causes of poverty in Europe and developing countries		■ use prepositions appropriately
B **La riqueza y la pobreza: actitudes y acción**	■ describe attitudes to wealth and poverty and the work of charities and governments	■ use indefinite adjectives and shortened adjectives	
C **La pobreza y la salud**	■ discuss the link between poverty and health	■ use demonstrative adjectives and pronouns	

¿Lo sabías?

- El 27% de la población mundial gana solamente el 6% del ingreso mundial.

- El 17% de la población mundial vive en los países en desarrollo y gana el 11% del ingreso mundial.

- El 3% de la población mundial vive en los países de reciente industrialización y gana el 3% del ingreso mundial.

- El 17% de la población mundial vive en los países industriales y gana el 49% del ingreso mundial.

- El 4% de la población mundial vive en los países petroleros ricos y gana el 4% del ingreso mundial.

Actividad preliminar

1 Empareja cada tipo de país con la descripción adecuada.

a Países de reciente industrialización
b Países comunistas y ex comunistas
c Países en desarrollo
d Países más subdesarrollados
e Países industriales

i Son aquellos donde existe poca industrialización, con mecanización limitada del sector agrícola y un ingreso per cápita bajo; mucha gente vive al borde del hambre.

ii Países que, siendo pobres, están acumulando capital y desarrollando una base industrial y comercial. Tienen una población urbana creciente.

iii Son países en los que hay una amplia base industrial que se desarrolla rápidamente y el ingreso per cápita está creciendo a un ritmo acelerado.

iv Aquellos que tienen una gran cantidad de equipo de capital y en los que la gente realiza actividades sumamente especializadas, lo que les permite ganar ingresos per cápita altos.

v Cerca del 33% de la población mundial vive en estos países que están en transición al capitalismo. Entre estos países hay una gran variedad de niveles de ingreso y de grado de desarrollo económico.

2 ¿En qué categoría, a tu ver, están los siguientes países hispanohablantes?

- España
- Cuba
- Bolivia
- Argentina

A Las causas de la pobreza

Casas pobres cerca de la ciudad de Lima (Perú)

Un indigente duerme en un banco

Un niño de la calle, Lima (Perú)

Campesinos andinos

1 Mira las fotos y discútelas con tus compañeros

- ¿Qué muestra cada foto?
- ¿De qué crees que viven las personas en cada foto?
- ¿Cómo piensas que podría ser su vida diaria?
- ¿Qué futuro pueden tener?
- ¿Qué factores mejorarían la vida de cada grupo de personas?

Los indigentes de Plaza de España

El césped de la Plaza de España se llena en las tardes de verano. Turistas y madrileños acuden a él buscando un remanso de paz y sombra para combatir el calor. También lo hacen los indigentes pero lo hacen con todas sus pertenencias a cuestas. Desde el pasado jueves no pueden dejarlas en el paso subterráneo que comunica la Plaza de España con la calle de Bailén. El paso fue un refugio para unas treinta personas sin hogar.

'Nos echaron sin avisar. Y eso que había personas enfermas. A mí me tiraron toda la ropa y me dejaron con lo puesto. Es inhumano lo que han hecho, porque, ¿ahora a dónde vamos? Y Madrid sigue con mogollones de casas vacías', dice Rosa, una mujer chupada por la droga.

'Sí, sí, ayer nos colamos y volvimos a dormir aquí dentro', confiesa su pareja Martín en voz baja. Ya no están los colchones ni las lonas azules que le daban un ambiente de campo de refugiados. Pero aunque fue limpiado el día 12 por los efectivos del Selur, el hedor y la basura han regresado a sus baldosas. Por eso la gente sigue evitando cruzar el paso subterráneo.

En el pasadizo cada persona tenía su sitio desde hacía años. Era como un submundo donde hacían vida común decenas de personas, desde toxicómanos a mujeres maltratadas.

Era el caso de Rosa, que vivió allí dos meses. 'Me fui al subterráneo porque me echó de mi piso mi ex pareja que también me rompió el brazo. Y como ya no puedo volver a la Plaza de España y he decidido ponerme a dormir en la entrada del Samur Social, a ver si así me ayudan', explica resignada.

En los últimos meses, el lugar había empezado a estar frecuentado por inmigrantes africanos. Roger nos cuenta, 'Yo fui cámara durante nueve años. Trabajé por todo el mundo y sé español, francés, inglés, ruso ... Pero tuve unos problemas, me quitaron los papeles y me echaron de mi casa. Ahora de nada sirven mis estudios porque nadie me da una oportunidad.'

Resumido de www.elmundo.es

Vocabulario

anular *to annul, to cancel out*

la apertura *opening up*

el arancel *tariff, import/export duty*

el campesino *peasant farmer*

dispararse *to shoot up*

estancarse *to stagnate*

experimentar *to experience*

los indigentes/sin hogar/sin techo *the homeless*

la parcela *plot of land*

el Samur Social *Social Services*

sembrar *to sow*

ubicarse *to be situated*

2 a ¿Quién lo dice …? Para cada frase, apunta Rosa, Martín o Roger.

i Espera que si se traslada a un lugar más visible las autoridades la asistirán.

ii Después de ser echados del paso regresaron por la noche sin ser percibidos.

iii Es una víctima de la violencia doméstica.

iv Antes de ser indigente era operador.

v No es justo que haya tantísimas viviendas sin ocupar en la capital.

vi A pesar de su carrera no consigue empleo.

vii No tuvo tiempo de recoger sus pertenencias antes de que los efectivos limpiasen el paso subterráneo.

b 💡 Lee los artículos y haz las actividades.

3 a 🎧 Escucha la entrevista. ¿A qué se refieren las siguientes cifras? Contesta en inglés.

i 8th: Spain has the eighth strongest economy in the world

ii 9 million

iii half a million

iv 1,200,000

v 38%

vi 30%

vii 2 million

viii 1/10

b 🎧 Escucha otra vez y empareja las dos mitades de las frases.

i A pesar de la economía fuerte de España

ii Se define como pobres a los que no alcanzan

iii Los jubilados son los más

iv Cuanta menos educación se tiene

v En España hay más desempleo que

vi Los empleos que se crean son

vii Cuando sólo un miembro de la familia trabaja

viii La pobreza va creciendo porque

a afectados por la pobreza.

b los miembros están forzados a vivir juntos.

c un quinto de la población vive en la pobreza.

d los contratos de trabajo son de carácter temporal.

e en el resto del la Unión Europea.

f la mitad del salario medio.

g más probabilidad hay que uno sea pobre.

h en los sectores como los servicios y la construcción.

4 💡 Con tu compañero/a haz un juego de roles entre un periodista y un político sobre un aspecto de la pobreza. (hoja de trabajo)

5 💡 Investiga y escribe un artículo sobre las víctimas de la pobreza en tu propio país. (hoja de trabajo)

▮ Expresiones claves

el cobro de seguro de desempleo

la distribución de ingresos

la fuente de riqueza

los países en desarrollo

la precariedad en el trabajo

el salario medio

la tasa de paro/desempleo

el tratado de libre comercio

vivir bajo el umbral de la pobreza

🔑 **Estrategias**

Prepositions: which to use and where to use them

Sometimes Spanish uses different prepositions from English, and there are some expressions where Spanish needs a preposition but English does not, or vice versa. Personal 'a' is a special case (see page 122), and por and para are another (see page 122), but there are other prepositions that need care.

*El director está **en** su oficina.*
The director is **in** his office.

*El director entra **en** su oficina.*
The director comes **into** his office.

*El documento está **en** la mesa.*
The document is **on** the table.

*Tu casa se parece **a** la mía.*
Your house resembles mine.

Espera su respuesta.
He's waiting **for** their reply.

B La riqueza y la pobreza: actitudes y acción

Vocabulario

acaudalado *affluent*

adinerado *wealthy, moneyed*

la hambruna *famine*

el micro-crédito *small-scale loan*

un país en vías de desarrollo *a developing country*

pasar de (algo) *not to care about something*

pasar hambre *to go hungry*

el pegamento *glue*

el préstamo *bank loan*

privar *to deprive*

solidario *caring*

el terremoto *earthquake*

Gustavo Cisneros

1 Comenta sobre la viñeta con tus compañeros:

- ¿Qué significa el juego de palabras?
- ¿Cómo indica el dibujante que el hombre es próspero y de un país desarrollado?
- ¿Qué indica la viñeta sobre las actitudes hacia los países en vías de desarrollo?
- ¿Estás de acuerdo con los sentimientos del dibujante?

¿Quiénes son y cómo viven los más ricos de América Latina?

América Latina es la región más desigual del mundo en distribución de la riqueza, donde el 20% de la población se queda con el 60% de los ingresos. Los más acaudalados son dueños de fortunas superiores a los mil millones de dólares. Manejan desde el petróleo, la minería y los medios de comunicación hasta los alimentos, el cemento y la telefonía. Y aunque vivan camuflados entre vidrios polarizados y guardaespaldas, dominan la vida cotidiana de millones de personas. Son los 25 hombres más ricos de América Latina, miembros de ese exclusivo club de las 500 personas más acaudaladas del mundo.

Sin dudas la estrella más visible de esta constelación de poderosos es el mexicano Carlos Slim, quien supera a Bill Gates como el hombre más rico del mundo con un patrimonio que asciende a US$ 65 billones. Sus compañías telefónicas representan casi la mitad del mercado bursátil mexicano.

El magnate venezolano Gustavo Cisneros constituye la segunda fortuna latinoamericana. Comenzó con un servicio de autobuses en Caracas y en la actualidad se centra en las comunicaciones, incluyendo la emisora Univisión de EE.UU.

Se puede llamar al engaño si se cree que el bienestar de estos ricos los invita a relajarse y gozar sin más ni más. Aquellos que siguen buscando la ampliación de sus negocios jamás se relajan por más de unas horas.

Pero el tiempo dedicado a los negocios no los priva de darse gustos en terrenos como el deporte, el arte o la filantropía.

Gregorio Pérez Companc ha construido viviendas, un hospital, cinco escuelas y hasta un zoológico. Ahora, cuando de ostentar riqueza se trata, nadie les gana a los brasileños. El empresario Fernando de Arruda Botelho festejó sus 56 años con una fiesta para 8.500 invitados que llegaron a su estancia en 300 aviones. Los magnates brasileños son un grupo pequeño en una sociedad pobre: representan entre 5.000 y 20.000 adinerados en una población de 18 millones.

Pero el lujo tiene su precio. La inseguridad en las calles latinoamericanas, tal vez la otra cara de la concentración de riqueza, obliga a los más acaudalados empresarios del continente a cuidar bien sus espaldas.

2 a **Busca el español.**

i   20% of the population control 60% of the income
ii hidden behind tinted glass and bodyguards
iii the most well-off control fortunes greater than …
iv almost half of the Mexican stock market
v   it would be wrong to imagine that …
vi to just enjoy what they have
vii no one can beat the Brazilians
viii maybe the negative side of …

b **Lee el texto y las frases siguientes. Escribe V (verdadero), F (falsa) o N (no se menciona) según el texto. Corrige las frases falsas.**

i   En Latinoamérica una quinta parte de la población posee más de la mitad de los ingresos.
ii En la lista de los más ricos del mundo se encuentran 500 latinoamericanos.
iii El hombre más rico del mundo es un mexicano.
iv Gustavo Cisneros empezó a acumular su fortuna a través de su compañía telefónica.
v   A los ricos que quieren ampliar su patrimonio no les gusta relajarse.
vi Muchos de los más adinerados son filántropos.
vii Los brasileños son los más ostentosos con su dinero.

3 💡🖥 El Centro Shama es una organización que ayuda a niños de la calle de Lima, la capital peruana. Mira el video y haz las actividades.

4 💡🎧 Escucha el reportaje sobre la campaña de Oxfam para cambiar las reglas comerciales mundiales, y cómo Coldplay y grupos españoles apoyan el comercio justo.

Escucha otra vez, luego rellena los espacios en blanco para completar las frases. (hoja de trabajo.)

5 a 💡✏ Haz el juego de roles.

b 💡 Haz una encuesta a tus compañeros sobre el cómo crear mejor la prosperidad. Piensa en tus propias respuestas también. (hoja de trabajo)

6 a 💡 Imagínate que trabajas como voluntaria para una organización humanitaria. Escribe unas 200 a 250 palabras sobre tu experiencia. (hoja de trabajo)

b 💡 Escribe publicidad para un sitio web de una organización humanitaria. Escribe unas 200 palabras. (hoja de trabajo)

💡 **Gramática**

Indefinite adjectives and shortened adjectives

Indefinite adjectives are the words for all (*todo*), some (*alguno*), none/any (*ninguno*), each (*cada*). In Spanish they must agree with their noun, except for *cada*, which never changes.

Some people are forced to move. *Fuerzan a algunas poblaciones a desplazarse.*

All these children have potential. *Todos estos niños tienen potencial.*

Alguno and *ninguno* shorten in front of masculine singular nouns:

some lucky person. *algún afortunado.*

They don't have any dreams, any hope. *No tienen ningún sueño, ninguna esperanza.*

La pobreza y la salud

1 Comenta sobre la viñeta con tus compañeros:

- ¿Cómo indica el dibujante que la mujer es pobre y de un país subdesarrollado?
- ¿Por qué dice la madre que su hijo ha muerto de globalización?
- ¿Estás de acuerdo con los sentimientos del dibujante?
- Aparte de la malnutrición, ¿qué otros factores afectan la salud de los más pobres del mundo?

El hambre mata a seis millones de niños al año

Seis millones de niños mueren al año por el hambre y la malnutrición. La mayoría son de países del África subsahariana, una de las zonas más pobres de la Tierra y la más afectada por la inanición. Esta escalofriante cifra se incluye en el último informe de la Organización para la Agricultura y la Alimentación de la ONU (FAO) sobre el estado del hambre en el mundo.

Muchos de esos menores, según la organización, mueren a causa de unas pocas enfermedades infecciosas curables, como diarrea, neumonía, paludismo y sarampión. Estas personas 'habrían sobrevivido si sus cuerpos y sus sistemas inmunitarios no estuvieran debilitados por el hambre y la malnutrición', ha advertido la FAO.

Cerca del 75% de las víctimas del hambre y la pobreza vive en las zonas rurales con menos recursos. 'En estas regiones residen la gran mayoría de los casi once millones de niños que mueren antes de cumplir los cinco años, de las 530.000 mujeres que fallecen durante el embarazo y el parto y de los 300 millones de casos de paludismo agudo', insiste la agencia de la ONU.

La FAO pone de relieve que para acabar con el hambre es necesario incrementar la producción agrícola a través de inversiones, buen gobierno, estabilidad política y el mantenimiento de la paz interna, además de 'una educación de calidad para los niños en las áreas rurales y la mejora de la condición de la mujer'. Implantar estos factores a un ritmo más rápido del actual es indispensable, según la FAO, para que se convierta en una realidad la afirmación 'Todas las personas tienen el derecho fundamental a no pasar hambre'.

www.elpais.es

Vocabulario

agudo *acute*

escalofriante *frightening, chilling*

la escasez *shortage, scarcity*

fallecer *to die*

el huérfano *orphan*

la inanición *starvation*

padecer de *to suffer from*

el paludismo *malaria*

el parto *childbirth*

el/la portavoz *spokesperson*

el ritmo *rate*

el sarampión *measles*

el sobrepeso *excess weight*

2 Lee el texto y contesta a las preguntas usando tus propias palabras en español.

a Según el informe de la ONU, ¿cuántos niños mueren al año por el hambre y la malnutrición?

b ¿De qué manera se destaca el África subsahariana?

c ¿De qué mueren muchos de los niños?

d ¿Por qué no pudieron sobrevivir estas enfermedades?

e ¿Dónde vive la mayoría de los niños que mueren antes de cumplir los cinco años?

f ¿Cómo recomienda la FAO que se incremente la producción agrícola?

g ¿Por qué insiste la FAO que es indispensable implantar los factores mencionados lo antes posible?

3 a 🎧 Escucha la entrevista. ¿A qué se refieren las siguientes cifras? Contesta en inglés.

i	16,1%	iii	14,5%

v 15,7% ; 13,4%

ii	10	iv	1/2

vi 26,3

b 🎧 Escucha otra vez y empareja las dos mitades de las frases.

i El Ministerio de Sanidad informa que

ii Debemos estar alarmados porque el nivel de obesidad infantil

iii Entre los adultos el índice de obesidad

iv Hay menos hombres que mujeres

v Las personas obesas tienen más posibilidades

vi En el sur del país hay más casos

vii Los más pobres y los de educación inferior

viii La obesidad se causa si

a que padecen de la obesidad.

b tienen más posibilidad de padecer de sobrepeso.

c de obesidad en la población.

d ha formulado una estrategia para combatir la obesidad infantil.

e se consumen alimentos altos en azúcar y grasa.

f ha aumentado masivamente en sólo cinco años.

g de padecer de la diabetes y enfermedades cardiovasculares.

h es intermedio con respecto al resto de Europa.

c Apunta en inglés:

- tres problemas que resultan de la obesidad
- tres factores que aumentan el riesgo de la obesidad

4 💡 Lee el artículo sobre los huérfanos del SIDA y haz las actividades.

5 💡 Discute con un(a) compañero/a sobre los vínculos entre la pobreza y la salud. (hoja de trabajo)

6 💡 Escribe un artículo sobre un aspecto de la pobreza y la salud. Escribe unas 300 palabras. (hoja de trabajo)

Expresiones claves

asociarse con

estar vinculado con

una estrategia que se dirige a ...

implantar factores

lo más preocupante es ...

poner de relieve

la predominancia de

la salud pública

tener derechos fundamentales

las zonas con menos recursos

💡 Gramática

Demonstrative adjectives and pronouns

▮ Use *este, esta, estos, estas* to say 'this' and 'these': *Estas personas habrían sobrevivido.*

▮ Use *ese, esa, esos, esas* to say 'that' and 'those': *Ese porcentaje alcanzó el 73%.*

▮ Use *aquel, aquella, aquellos, aquellas* to refer to something distant: *Aquellos niños son huérfanos.*

Un enfermo de SIDA recibe cuidados por parte de una sanitaria

Now you should be able to:

■ discuss causes of poverty in Europe and developing countries

■ describe attitudes to wealth and poverty and the work of charities and governments

■ discuss the link between poverty and health

Grammar

■ use indefinite adjectives and shortened adjectives

■ use demonstrative adjectives and pronouns

Skills

■ use prepositions appropriately

✓ ¡Haz la prueba!

1 Escribe una frase que tenga el mismo significado que la siguiente.

una persona chupada por la droga

2 ¿A qué se refiere esta definición?

una situación de empleo de poca duración o estabilidad

3 Traduce la siguiente frase al inglés.

Cuando de ostentar riqueza se trata, nadie les gana a los brasileños.

4 Contesta a la siguiente pregunta.

¿De dónde son la mayoría de los seis millones de niños que mueren al año de la malnutrición?

5 Rellena los espacios con las preposiciones que faltan.

… el informe … la situación económica mundial, la mayoría … los niños viven … el umbral … la pobreza.

6 Rellena los espacios con los adjetivos que faltan.

… gente piensa que el … paso debe ser dar un poco de dinero a … familia.

7 Escribe una respuesta adecuada a esta opinión.

Creo que las dotaciones de asistencia benéfica crean la dependencia y no facilitan el desarrollo.

8 Contesta a la siguiente pregunta.

¿Qué condición se asocia con las principales enfermedades crónicas como las cardiovasculares, diabetes, hipertensión arterial y ciertos tipos de cáncer?

9 Escribe una frase que tenga el mismo significado que la siguiente.

Nos expulsaron sin avisarnos y nos marchamos cargando con nuestras pertenencias a cuestas.

10 Traduce la siguiente frase al español.

Those figures are more interesting than these but these statistics are the most significant.

Study tips

Listening

Remember that the final -ó is a preterite tense 3rd person, and a final -o (no accent) is present tense 1st person. Listen to where the stress falls, as well as context, to determine which you are hearing.

Speaking

Another way of revising vocabulary is to make **vocabulary lists**. Use different colour markers or different colour fonts on the computer to categorise words and make them easier to remember.

Reading

When tackling a new text, **read the headings** carefully. This will indicate the main theme and style. It prepares you for the subject matter and the vocabulary.

Writing

When planning your answers, you should **structure your piece of writing** with a beginning, a middle and a conclusion, using relevant expressions to do so. Examples of useful phrases that will make your text easier to read:

i. *en primer lugar, por lo pronto*

ii. *en cuanto a, lo esencial de*

iii. *podemos concluir diciendo, en resumen*

Asuntos sociales de hoy día

8 El orden público

By the end of this section you will be able to:

	Language	Grammar	Skills
A **El comportamiento incívico**	■ explore and discuss types of antisocial and criminal behaviour		■ use appropriate language to express value judgements in a debate
B **La delincuencia juvenil**	■ discuss young people's attitudes to and reasons for crime and antisocial behaviour	■ use different tenses and *soler* to describe habitual actions in the past and present	
C **La justicia en beneficio de la comunidad**	■ consider ways to reduce and prevent crime, and types of deterrent and punishment	■ use relative pronouns and expressions	

¿Lo sabías?

■ España sigue siendo uno de los países más seguros de Europa y está en la parte baja de los datos de criminalidad con una tasa de 49,5 infracciones por cada 1000 habitantes. La media de la Unión Europea sube hasta el 70 por 1000.

■ En el último año, la mayoría de delitos descienden ligeramente. Los asaltos a viviendas bajan un 1,6%. Los robos con violencia o intimidación, un 4,3%.

■ La delincuencia en España ha bajado pero los delitos contra la mujer siguen aumentando. Mueren cada vez más mujeres a manos de sus parejas. Mueren anualmente casi cien españolas a consecuencia de la violencia machista y muchas más sufren abuso físico y emocional. Se cree que sólo un 30% de las mujeres que sufren estas graves agresiones denuncian su situación.

Actividad preliminar

Completa cada espacio en blanco con una palabra que te parezca apropiada. Luego compara tus frases con las de tu compañero/a.

1 Los delincuentes juveniles se rehabilitan más en .... que en un centro de internamiento.

2 Los padres deben ser más .... por los delitos y el comportamiento incívico de sus hijos.

3 La .... verbal o por gestos es un aspecto cada vez más común de la vida urbana actual.

4 Sólo una pequeña minoría de los jóvenes que cometen delitos son realmente .... juveniles.

5 La .... callejera está en aumento y los jóvenes se sienten indefensos si no llevan cuchillos para defenderse.

El comportamiento incívico

1 ¿Cuáles son los comportamientos incívicos en vuestro barrio o ciudad que os molestan y os preocupan más? Mirad el gráfi co en el artículo y comentad con tus compañeros/as.

Encuesta municipal para *El Periódico*

Dos de cada tres barceloneses se sienten seguros en la ciudad

Los barceloneses se sienten, en general, seguros en su ciudad. Así lo expresan dos de cada tres entrevistados en la encuesta, mientras que uno de cada tres habla de la inseguridad.

Pero pese a esa impresión de seguridad, el miedo a ser víctima de la actuación de los delincuentes, aunque minoritaria, es alta en algunos aspectos. Por ejemplo: casi la mitad de los encuestados aseguran que alguna vez han tenido miedo de que les atraquen por la calle.

Prácticamente en la misma proporción han sentido miedo de que alguien entre en su vivienda. Y, en menor medida, han temido que les roben dentro del coche. Casi uno de cada cinco se

han sentido intimidados verbalmente o con gestos. En todos los casos se trata de temores, no de hechos consumados.

Sin embargo, a pesar de que son muchos los encuestados que muestran temores, los barceloneses se niegan a convertirse en Rambos justicieros: nueve de cada 10 rechazan que

la gente tenga armas en casa para defenderse.

Los comportamientos incívicos preocupan a la inmensa mayoría de los barceloneses que reclaman más mano dura al Ayuntamiento. A continuación se presenta el resultado de esta sección de la encuesta.

¿Cuál es el comportamiento incívico que más le molesta?	
1° Suciedad en las calles (que la gente tire basura, papeles etcétera)	20,9%
2° La mala educación (falta de respeto, insultos, no ceder el asiento en el transporte público)	15,5%
3° El ruido	13,9%
4° La suciedad de los perros	12,5%
5° Inseguridad: robos, vandalismo, peleas ...	9,5%
6° Destrozar el mobiliario urbano	9,5%
7° Orinar en la calle, escupir, vomitar ...	6,0%
8° Circulación y aparcamiento (velocidad excesiva, aparcar mal, bicis en la acera)	5,5%
9° Pintadas	4,5%
10° El botellón (jóvenes que se reúnen en la calle a beber alcohol)	2,4%

© GESOP para El Periódico

Vocabulario

asegurar *to affirm*

atracar *to attack, to mug*

ceder *to give up*

la circulación *driving*

dar asco *to disgust*

dar con *to come across, to run into*

escupir *to spit*

el hecho consumado *action that has been carried out*

la mala educación *rudeness, bad behaviour*

la mano dura *hard line*

en menor medida *in a smaller proportion, to a lesser extent*

negarse a *to refuse to*

orinar *to urinate*

pegar una paliza *to beat someone up*

pese a *despite*

las pintadas *graffiti*

reclamar *to demand*

el temor *fear*

2 a Lee el texto y luego completa cada frase con la opción apropiada.

i La mayoría de los barceloneses no creen que ...

ii Sin embargo, un poco menos del 50% han tenido miedo de que les ...

iii Además, casi la mitad aseguraron que ...

iv Los encuestados hablaron de temores y no de ...

v El 90% no cree que ...

a ataquen y les roben en la calle.

b han temido que les entren en casa o que les roben dentro del coche.

c haya mucha inseguridad en la ciudad.

d se deba tener armas para defenderse.

e hechos reales.

b Empareja cada frase con el tipo de incivismo apropiado de la encuesta.

i Me parece irresponsable que la gente tire bolsas de plástico, papelitos o lo que sea. Lo considero una falta de respeto para los demás y para el medio ambiente.

ii Tengo miedo de que me atraquen por la calle y que me lleven la cartera o el móvil.

iii Me da asco que la gente orine o vomite en la calle.

iv Me pone de los nervios que haya gente gritando o tocando música hasta las altas horas de la madrugada y no se puede dormir.

v Tengo miedo de que, al salir con mis amigos por la noche, nos demos con unos chavales que busquen una pelea y que nos peguen una paliza o que saquen cuchillos.

vi Al salir de los partidos de fútbol a veces los seguidores del otro equipo nos llaman de todo.

vii Me pone los pelos de punta pensar que alguien pudiera entrar en casa a robar cuando no estamos o, lo que es más, durante la noche cuando estamos durmiendo.

viii Me saca de quicio que vayas a sentarte en un banquillo en la parada del autobús y no puedas porque se lo ha destrozado algún delincuente como diversión.

ix Tengo miedo de que mis niños, al salir del cole, sean atropellados por algún conductor que conduce con descuido, hablando por el móvil, y a una velocidad excesiva.

x No considero que hacer pintadas sea un delito o una delincuencia porque hay algunas que mejoran el entorno urbano.

3 a 🎧 Escucha las entrevistas. ¿Cuáles de los comportamientos incívicos de la encuesta les molestan a Montse y a Fermín?

b 💡🎧 Escucha otra vez a Montse y a Fermín y haz las actividades.

4 💡 Haz una encuesta entre tus compañeros/as de clase sobre el incivismo y la seguridad. Haz y contesta a las siguientes preguntas (hoja de trabajo):

- ¿Crees que el nivel de seguridad en tu barrio/ciudad es mejor, igual o peor que antes?
- ¿Crees que los comportamientos incívicos en tu barrio/ciudad son mucho, poco o nada habituales?
- ¿Cuál es el incivismo que más te molesta?
- En el último año ¿has sentido miedo alguna vez en la calle? ¿Por qué?
- ¿Te has sentido intimidado por alguien, verbalmente o con gestos? ¿Cuándo? ¿Sabes por qué?
- En cuanto a la seguridad, ¿qué te preocupa más ahora y en el futuro?

5 💡 Haz un resumen por escrito de los resultados de la encuesta que hiciste entre tus compañeros/as de clase. Puedes incluir gráficos pero tienes que escribir unas 200 palabras. (hoja de trabajo)

■ **Expresiones claves**

el comportamiento incívico, el incivismo

conducir sin carnet / a una velocidad excesiva

entrar en casa a robar

estar drogado

me fastidia (que) …

me horroriza (que) …

me molesta (que) …

me parece irresponsable que …

me saca de quicio (que) …

ponerse los pelos de punta

sentirse intimidado por … (verbalmente o con gestos)

temer que …

tener miedo de que …

la violencia callejera

al volante

🔊 **Estrategias**

Expressing emotional responses and value judgements

You can use a wide variety of expressions when referring to emotions or making judgements, but remember to use the subjunctive after verbs denoting:

■ an emotional response
Tengo miedo de que me atraquen por la calle.

■ a value judgement
Nos parece irresponsable que la gente conduzca a una velocidad excesiva.

La delincuencia juvenil

'Un conductor que circulaba con el carnet retirado, condenado a prisión por su implicación en una colisión múltiple'

'Peleas multitudinarias entre chavales en la localidad madrileña de Alarcón'

1 Mira la foto y comenta las siguientes preguntas con tus compañeros

- ¿Crees que los chavales de la foto son los típicos hinchas del fútbol?
- ¿Qué te parece el comportamiento de los hinchas en la foto?
- ¿Cuáles son, a tu parecer, las causas de la violencia futbolera?

'El año pasado Barcelona puso 33.302 multas por consumir alcohol en la calle'

'Sentencias penales para dos traficantes de drogas'

'En cuanto al acoso escolar, el 27% de los alumnos de secundaria es víctima de insultos reiterados por parte de sus compañeros'

Vocabulario

abroncar *to heckle, to barrack*

el árbitro *referee*

la educación *upbringing*

el egoísmo *selfishness*

encabezar *to be at the head of*

las gradas (de los estadios) *terraces, stands (in a football stadium)*

el/la hincha del fútbol *football fan*

incurrir *to get involved in*

la ira futbolera *football violence*

jalear *to urge on*

la media *average*

ni siquiera *not even*

una ONG *a non-governmental organisation (NGO)*

la peña ultra *hardcore section of a football supporters' club*

prevalecer *to prevail*

recurrir a *to resort to*

rondar la treinta *to be around thirty*

las tantas de la mañana *the small hours*

el titular *headline*

la violencia de género *domestic violence*

'Brutal paliza a una adolescente – la víctima estuvo hospitalizada diez días y tuvo que ser operada de un ojo'

'Miembros de una peña ultra del Valencia CF, condenados a prisión por delitos de orden público'

Los jóvenes y la violencia

Una lectura rápida y simplista de estos titulares podría llevar a pensar que los jóvenes de hoy son mucho más agresivos que cualquier generación anterior. Y los datos no parecen llevar la contraria. Desde 1982 han muerto 13 personas en las gradas de los estadios españoles, víctimas de la ira futbolera. Gran parte de los agresores ni siquiera rondan la treintena. Además, durante el pasado enero, en el País Vasco se produjo una media de casi tres incidentes diarios de violencia callejera. Los principales actores fueron jóvenes que, en muchos casos, no alcanzaban los 20 años. Mientras en Andalucía, la comunidad que encabeza el acoso en colegios e institutos, se registraron el año pasado 26.000 casos graves de indisciplina y violencia en las aulas.

Sin embargo, quedarnos sólo con estos apuntes aislados implicaría dar una visión injusta de los 15 millones y medio de menores de 30 años que viven en España. 'La inmensa mayoría de la gente joven jamás incurre en actos violentos graves' sostiene José Sanmartín, director del Centro para el Estudio de la Violencia. 'Lo lamentable – añade – 'es que la minoría más virulenta esté creciendo y adquiera ahora características distintas y preocupantes, como hacer de la agresión un espectáculo y un intento de divertirse.'

Resumido de la revista Yo dona

2 a Busca, en los titulares, las expresiones españolas para:

i sentenced to imprisonment

ii mass fighting

iii bullying at school

iv victim of verbal abuse

v brutal beating

vi who was driving despite having lost his licence

vii prison sentences

viii drug dealers

ix gave fines for drinking in the street

b Busca, en los titulares y en el artículo, casos de los siguientes tipos de delitos:

i La violencia entre los hinchas de distintos equipos de fútbol

ii La violencia en la calle

iii La agresión y los malos tratos entre alumnos de primaria y secundaria

iv Los delitos conectados con la circulación

vi La venta y el consumo de drogas y alcohol

c 💡 Lee los textos y haz las actividades.

3 a 🎧 Escucha las entrevistas y elige la opinión para cada uno de los delitos mencionados. Escribe 'peor', 'igual' o 'mejor'.

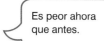

Es peor ahora que antes.

Es igual que antes.

Es mejor que antes.

i La violencia callejera.

ii La indisciplina en las aulas.

iii La violencia futbolera.

iv La violencia de género.

v Conducir bajo los efectos del alcohol.

b 🎧 Escucha otra vez y contesta a las preguntas.

La violencia callejera

i ¿Qué ejemplos menciona Felipe para ilustrar que las generaciones anteriores solían pelearse tanto como los jóvenes de hoy?

La indisciplina en las aulas

ii Y según la señora, ¿por qué hay chicos que se comportan mal en clase?

La violencia futbolera

iii ¿Cómo relaciona Felipe a los hinchas del fútbol con las pandillas callejeras?

iv ¿Qué impresión tiene Antonia de los hinchas del fútbol que suelen ser agresivos?

La violencia de género

v ¿Cómo era la sociedad antes, según la señora?

4 a 💡🖊 Escucha las preguntas y las respuestas modelo. Luego graba tus propias respuestas y escúchalas.

b 💡 Trabaja con tu compañero/a. Discutid y apuntad vuestras ideas sobre las siguientes preguntas, como preparación para una presentación. (hoja de trabajo)

• ¿Cómo te afecta a ti la violencia callejera?

• En tu experiencia, ¿en qué consiste el acoso escolar?

• ¿Cuáles son, en tu opinión, las causas de la agresión?

5 💡 Elige una de las preguntas del ejercicio 4b y escribe una respuesta, dando tus propias ideas. (hoja de trabajo)

Expresiones claves

carecer de atención

crear desigualdades

el entorno social

hacer de la agresión un espectáculo

inculcar valores

ir en busca de jaleo

jamás el fin puede justificar los medios

llevar la contraria

sobrepasar los límites

tachar a (alguien) de

todo se puede hablar

💡 Gramática

Describing habitual actions in the present and the past

▪ Use the **present** tense or the **present tense of *soler* + infinitive** to describe what you usually do:
*¿Qué **haces** los sábados por la tarde?*
*¿Qué **sueles** hacer los sábados por la tarde?*

▪ Use the **imperfect** tense or the **imperfect of *soler* + infinitive** to talk about what you used to do in the past:
*Cuando era pequeño, **iba** a un partido de fútbol todos los sábados con mi padre.*
*Cuando era pequeño, **solía** ir a un partido de fútbol todos los sábados con mi padre.*

La justicia en beneficio de la comunidad

Vocabulario

la actuación *action*

el artífice *artist, maker*

la audiencia *(judicial) hearing*

el clamor *protest*

concentrarse *to gather*

la condena judicial *sentence*

culpar *to blame*

el delito *crime, offence*

el detonante *trigger*

ebrio *drunk*

en lo que va de año *in the year so far/so far this year*

fallar *(here) to pronounce sentence*

el juzgado *court*

el maltrato de género *domestic violence*

a manos de *at the hands of*

ocasionado por *caused by*

precoz *early*

la sensibilización *awareness-raising*

tener que ver con *to have to do with*

el tetrapléjico *tetraplegic/quadriplegic*

1 Imagina que fueras juez por un día. ¿Qué clase de sentencia o rehabilitación recomendarías para los siguientes delitos?

delitos	sentencias/rehabilitación
conducir sin haber obtenido nunca el carnet de conducir	hacer trabajos para la comunidad
pegar una paliza a un compañero de clase y hacerle daño	realizar campañas educativas o de sensibilización
conducir bajo la influencia del alcohol	hacer cursos para enseñar a ser un buen ciudadano
destruir un banco y un jardín en el parque	poner multas
atracar a alguien en la calle y robarle la cartera	poner sentencias penales
entrar en casa de una anciana a robar	internar al delincuente
exceder la velocidad máxima	someterle a tratamientos psicológicos

Mala educación

No inculcar a los hijos valores y moderación en el comportamiento puede ser motivo de condena judicial. La Audiencia de Sevilla ha condenado a una madre a pagar los 14.000 euros que ha costado la reparación del daño (dos dientes rotos) ocasionado por su hijo, de 14 años, en una paliza a un compañero de instituto.

Según el juzgado, la mujer no educó adecuadamente a su hijo y por eso se la considera culpable del comportamiento brutal del chaval.

La madre quiso culpar a los profesores por la falta de vigilancia en el patio del instituto pero la sentencia atribuye a la familia, en este caso a la propia madre, la responsabilidad de las actuaciones del hijo.

La Vanguardia

Clamor contra la violencia machista

Miles de mujeres se concentraron ayer en las principales ciudades de España para pedir, de forma clara y unitaria, el fin de la violencia machista, que en lo que va de año ha terminado con la vida de 72 mujeres a manos de sus parejas o ex parejas. En las concentraciones de la violencia contra las mujeres, no sólo hubo palabras para pedir más medidas para erradicar el maltrato de género sino también la demanda de mayor implicación por parte de la sociedad para acabar con la mentalidad machista que conduce a esta violencia. Se pidieron más 'medidas de sensibilización, prevención, detección precoz e investigación del fenómeno.'

La Vanguardia

Emilio Calatayud – juez de menores

Un *hacker* sentenciado a dar clases de informática o un joven condenado a realizar 150 horas de voluntariado con tetrapléjicos por conducir ebrio. Estas sentencias judiciales, tan inusuales como sorprendentes, tienen mucho que ver con una nueva forma de interpretar la justicia. Su artífice: Emilio Calatayud, magistrado que dirige el juzgado de Menores de Granada, y que está convencido de que rehabilitan más la libertad y la educación que los centros de internamiento.

© Caja Madrid

2 a Lee los textos y apunta los cuatro delitos. Para cada uno, anota la sentencia que recibieron los culpables o las medidas que se pidieron para acabar con los delitos.

Ejemplo: _____

1. Un chico pegó una paliza a un compañero. Una madre fue condenada a pagar una multa de 14.000 euros.

_____

b Escribe V (verdadero), F (falsa) o N (no se menciona) para cada frase.

i Los padres de un hijo que rompió dos dientes a un compañero de instituto fueron condenados a pagar una multa de 14.000 euros.

ii Una madre cuyo hijo pegó una paliza a un compañero de instituto intentó echar la culpa a los profesores por no vigilar bien a los chicos.

iii El juzgado atribuyó la culpa a la madre por haber tolerado la violencia de su hijo y por su mala educación.

iv La multa pagó los gastos de reparar los dientes del chico que recibió la paliza.

v Las miles de mujeres que se reunieron querían protestar contra la violencia callejera.

vi En el último año ha aumentado la cantidad de mujeres que han sido asesinadas a manos de su pareja o su ex pareja.

vii No se ha registrado ningún caso de hombres matados por su pareja.

viii Se ha pedido que la gente rechace las ideas machistas que conducen a la violencia de género.

ix Emilio Calatayud es un juez que propone ideas originales y positivas sobre cómo sentenciar y rehabilitar a los delincuentes juveniles.

x Condenó a un hacker a dar clases de informática.

xi Sentenció a un chico que conducía drogado a trabajar de voluntario con gente discapacitada.

xii Al chico le gustó el trabajo de voluntario y decidió ser médico.

3 a 🎧 Escucha la entrevista con el juez, Emilio Calatayud, y luego contesta a las siguientes preguntas.

i ¿Emilio Calatayud prefiere aplicar sentencias en que el menor quede en libertad o en que esté internado?

ii ¿Por qué se aplican sentencias muy diversas?

iii ¿Qué te parecen las ideas del juez y su actitud hacia los jóvenes en general?

b 💡🎧 Escucha la entrevista otra vez y haz las actividades.

4 💡 Con tu compañero/a, decide qué sentencias relevantes aplicaríais vosotros a los siguientes delincuentes. (hoja de trabajo)

• Dos chicas se ponen a pelear en el patio. Se pegan palizas la una a la otra y las dos terminan heridas.

• Un chico, sin carnet de conducir, roba un coche y lo conduce a alta velocidad hasta que la policía le pilla.

• Tres chicos hacen pintadas en un edificio urbano.

5 💡 Planifica y escribe un artículo sobre este tema (hoja de trabajo):

¿Quién es responsable de las actuaciones violentas y la indisciplina en los colegios e institutos y qué se debe hacer para erradicarlas?

■ Expresiones claves

las agresiones entre chicas
bajo la influencia de
el centro de internamiento/de menores
colaborar
cometer un delito
condenar a
erradicar
hacer un tratamiento apropiado
incitar a
incrementar
inculcar a
ingerir
internar a
interpretar la justicia
la libertad vigilada
ofrecerse para
pagar por su delito
rehabilitar
sentenciar a
someter a (alguien a) tratamientos psicológicos
los trabajos en beneficio de la comunidad

💡 Gramática

Relative pronouns

Relative pronouns *que* and *quien(es)* are equivalent to English 'who(m)' / 'which/that'.

*Un joven **que** iba conduciendo bajo la influencia del alcohol.*

*¿Conoces a la mujer **de quien** este periodista escribe?*

El/la/lo/los/las que and *el/la/los/las cual(es)* are also relative pronouns and they must agree with the noun they represent in the sentence. These relative pronouns can also be used to mean 'the one(s) that'.

*De las agresiones mencionadas, **la que** más me preocupa es la violencia de género.*

Now you should be able to:

- explore and discuss types of antisocial and criminal behaviour
- discuss young people's attitudes to and reasons for crime and antisocial behaviour
- consider ways to reduce and prevent crime, and types of deterrent and punishment

Grammar

- use different tenses and *soler* to describe habitual actions in the past and present
- use relative pronouns and expressions

Skills

- use appropriate language to express value judgements in a debate

✔ ¡Haz la prueba!

1 Completa la frase con la palabra adecuada.

El juez aplicó a la chica una sentencia de cincuenta horas de trabajo en .... de la comunidad.

2 Traduce la siguiente frase al inglés.

Según un juez de menores, rehabilitan más la libertad y la educación que los centros de internamiento.

3 ¿A qué se refiere esta definición?

Los delitos o los comportamientos incívicos cometidos por los menores.

4 Completa la frase con la palabra apropiada.

Los padres, ... hijos hicieron pintadas en las paredes del instituto, tuvieron que pagar una multa.

5 Escribe la forma apropiada del verbo en paréntesis para completar la frase.

Hace algunos años, los hinchas de algunos clubes de fútbol casi siempre .... (pegar) palizas, después del partido, a los hinchas del equipo rival.

6 Completa la frase con un verbo apropiado.

Mi abuelo era un hombre muy tranquilo pero cuando iba a un partido de fútbol siempre .... abroncar al árbitro.

7 Completa la siguiente opinión con una palabra adecuada.

Creo que los jóvenes se unen a pandillas porque buscan un sentido de ....

8 Escribe una respuesta adecuada a esta pregunta.

¿Qué opinas sobre las personas que escupen en la calle o en el transporte público?

9 Completa la siguiente frase con una palabra adecuada.

En las grandes ciudades, muchos ciudadanos tienen miedo de que les .... por la calle para robarles la cartera, el móvil o el mp3.

10 Traduce la siguiente frase al inglés.

Jamás el fin puede justificar los medios.

Study tips

Listening

First you must try to understand the general gist, on **second and third listenings** you will need to listen for **detail**.

Speaking

Beware of false friends! Check that you know how to use for example the following words correctly: *compromiso, fábrica, recordar.*

Reading

If you can't quickly find the answer to a question, move on and come back to that question if there's time at the end.

Writing

Always use the last few minutes to go over what you have written: **check spelling** – accents in the right places? – verb forms, adjectival endings.

Asuntos sociales de hoy día

9 El impacto de avances científicos y tecnológicos

By the end of this section you will be able to:

ESA (European Space Agency)

	Language	Grammar	Skills
A **El impacto de la tecnología en el hogar y en el trabajo**	▪ discuss the impact of technology in the home and workplace	▪ use the subjunctive in future references and conditional *si* constructions	
B **Asuntos médicos y científicos**	▪ discuss the impact of medical and scientific research	▪ use the subjunctive appropriately after certain conjunctions	
C **Cuestiones éticas**	▪ discuss ethical issues linked to scientific and technological progress		▪ use reading techniques for understanding new constructions, e.g. the past anterior

¿Lo sabías?

▪ La tecnología española en materia aeroespacial es puntera en Europa. Hacia el 2015 habrá satélites de comunicaciones capaces de contener mil canales de televisión y dar cobertura a un millón de abonados de móviles e internet.

▪ Las innovaciones españolas contribuyen a sistemas avanzados de desalinización que ofrecen agua sostenible para millones de personas.

▪ La Universidad Politécnica de Madrid ha desarrollado un robot submarino capaz de navegar y de orientarse como los peces.

▪ Unos científicos gallegos han descubierto la proteína capaz de quitar las ganas de comer. Procede del veneno de un lagarto y baja los niveles de una hormona que dice cuándo hay que ingerir alimentos. El descubrimiento podrá ayudar a reducir los niveles de obesidad y diabetes.

Actividad preliminar

Empareja los titulares con los párrafos. ¡Cuidado! Hay un titular que sobra.

▢ Seremos capaces de acceder a servicios de salud de manera remota.

▢ Teléfonos celulares empezarán a leer nuestras mentes.

▢ Nuevas tecnologías que abordarán problemas relacionados al medio ambiente.

▢ Traducción de voz en tiempo real se volverá la regla.

1 En un futuro próximo, la nanotecnología producirá formas totalmente nuevas de memorias, y por consiguiente los sistemas se volverán cada vez más sofisticados. El desarrollo de esta tecnología podría tener buenas consecuencias en los campos de la ecología y la conservación. Por ejemplo, se podría usar para la filtración del agua, ayudando a evitar la amenaza de una falta mundial de agua potable.

2 Gracias a la globalización, es esencial buscar nuevas soluciones a las cuestiones de comunicación; por ejemplo, cómo comunicarnos fácil y rápidamente a pesar de las diferencias del lenguaje. Una de estas nuevas tecnologías sería el reconocimiento de la voz. El objetivo de esta tecnología es poder monitorear en inglés, por ejemplo, sitios de internet escritos en otros idiomas.

3 Una nueva tecnología que ayudará a enfermos: el desarrollo del monitoreo remoto, por sensores, de pacientes en casa. Estos sensores se utilizarán en la ropa de los pacientes, en paquetes, en dispositivos, o en la casa, según los fabricantes que trabajan con auxiliares sanitarios para potenciar esta tecnología.

El impacto de la tecnología en el hogar y en el trabajo

1 Mira las fotos y discútelas con tus compañeros/as.

- ¿Qué características piensas que tiene cada una de las casas?
- ¿Cómo te imaginas que vivirían los habitantes de las casas?
- ¿Cuáles son las ventajas y desventajas de cada una de las casas?
- ¿En cuál de las casas te gustaría vivir y por qué?

Una casa de vidrio totalmente reciclable

Vocabulario

apagar *to put out, to switch off*
la autonomía *independence*
el colectivo *group*
estresado *stressed*
la intimidad *privacy*
involucrar *to involve*
la lealtad *loyalty*
medir *to measure*
nutrir *to feed*
parecido *similar*
probar *to test, to try*
la pulsera *bracelet*
rendir *to produce*
el seguimiento *pursuit, tracking*
tirar de la cadena del aseo *to flush the toilet*

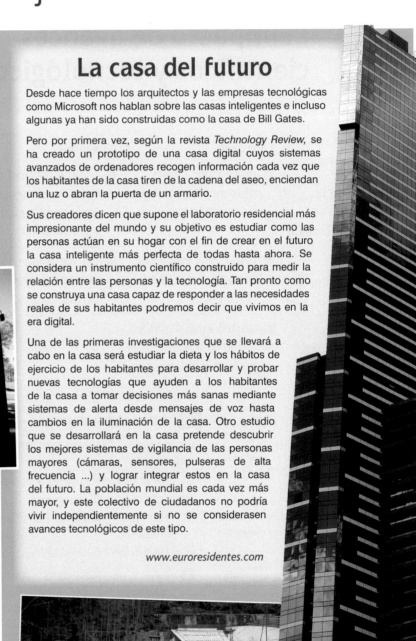

La casa del futuro

Desde hace tiempo los arquitectos y las empresas tecnológicas como Microsoft nos hablan sobre las casas inteligentes e incluso algunas ya han sido construidas como la casa de Bill Gates.

Pero por primera vez, según la revista *Technology Review*, se ha creado un prototipo de una casa digital cuyos sistemas avanzados de ordenadores recogen información cada vez que los habitantes de la casa tiren de la cadena del aseo, enciendan una luz o abran la puerta de un armario.

Sus creadores dicen que supone el laboratorio residencial más impresionante del mundo y su objetivo es estudiar como las personas actúan en su hogar con el fin de crear en el futuro la casa inteligente más perfecta de todas hasta ahora. Se considera un instrumento científico construido para medir la relación entre las personas y la tecnología. Tan pronto como se construya una casa capaz de responder a las necesidades reales de sus habitantes podremos decir que vivimos en la era digital.

Una de las primeras investigaciones que se llevará a cabo en la casa será estudiar la dieta y los hábitos de ejercicio de los habitantes para desarrollar y probar nuevas tecnologías que ayuden a los habitantes de la casa a tomar decisiones más sanas mediante sistemas de alerta desde mensajes de voz hasta cambios en la iluminación de la casa. Otro estudio que se desarrollará en la casa pretende descubrir los mejores sistemas de vigilancia de las personas mayores (cámaras, sensores, pulseras de alta frecuencia ...) y lograr integrar estos en la casa del futuro. La población mundial es cada vez más mayor, y este colectivo de ciudadanos no podría vivir independientemente si no se considerasen avances tecnológicos de este tipo.

www.euroresidentes.com

La casa ecodigital de Bill Gates

La casa más alta del mundo en la que vivirán 100.000 personas

2 a Lee el texto y las frases siguientes. Hay un error en cada frase. Corrige los errores, cambiando una(s) palabra(s) en cada frase.

Ejemplo: _____

Ya se han construido algunas casas inteligentes.

_____

i Todavía no se han construido casas inteligentes.

ii Se ha creado un prototipo de una casa digital con sistemas muy sencillos de ordenadores.

iii Los creadores del prototipo quieren cambiar como las personas actúan en su hogar.

iv Para crear el instrumento científico perfecto hay que medir la relación entre las personas y la tecnología.

v En cuanto construyamos un laboratorio verdaderamente digital viviremos en la era digital.

vi Se van a estudiar la dieta y los hábitos de ejercicio de los habitantes para ayudarles a probar nuevas tecnologías.

vii Habrá sistemas de alerta desde mensajes de voz hasta cambios en la puerta de un armario.

viii Se investigarán medios para vigilar a los niños e integrar estos en la casa del futuro.

b 💡 Lee el artículo sobre la red de satélites Galileo y haz las actividades.

3 🎧 Vas a escuchar las opiniones de una empleada y de su jefe sobre las ventajas y los inconvenientes del teletrabajo. ¿Quién dice qué, Cristina o Eusebio?

a Los teletrabajadores pueden compartir puestos de trabajo.

b Un teletrabajador cuesta menos que un trabajador que esté presente en la oficina.

c Puede que un teletrabajador no tenga seguridad en el trabajo.

d Pueden haber problemas de seguridad cuando un teletrabajador tenga acceso al banco de datos de su empleador.

e El teletrabajador puede sentir aislamiento.

f Un teletrabajador puede trabajar para varias compañías al mismo tiempo.

g Si un empleado está ausente, el jefe no tiene que preocuparse.

h El teletrabajo permite que el trabajador esté menos estresado y sea más flexible, independiente y productivo.

i Los teletrabajadores disponen de sus propios ordenadores para poder hacer el trabajo.

j Las personas que teletrabajan pasan más tiempo con su familia.

4 a 💡🔲 Haz el juego de roles.

b 💡 Haz una encuesta sobre el impacto de la tecnología en el hogar y en el trabajo. Piensa en tus propias respuestas también. (hoja de trabajo)

5 💡 Escribe un artículo sobre un avance tecnológico. Escribe unas 250 palabras. (hoja de trabajo)

◼ Expresiones claves

los avances tecnológicos

la casa inteligente

una constelación de satélites

la exactitud de las transmisiones satélites

una herramienta de vigilancia

estar operativo

recoger información

revolucionar la vida

la seguridad/inseguridad laboral

el teletrabajo

una violación de la intimidad

💡 Gramática

The subjunctive in future references and conditional *si* constructions

Use the subjunctive:

◼ after expressions referring to a future action:
En cuanto construyamos una casa verdaderamente digital.

◼ after *si* ('if') when the main verb is in the conditional tense:
No podría trabajar tan a [conditional] gusto si no tuviera ese [si] + [subjunctive] tiempo libre.

1 Mira el dibujo, empareja los siguientes procedimientos médicos con siete de las partes del cuerpo.

prótesis (de rodilla)   transfusión

lentes intraoculares   implante coclear

marcapasos   neurocirugía

transplante

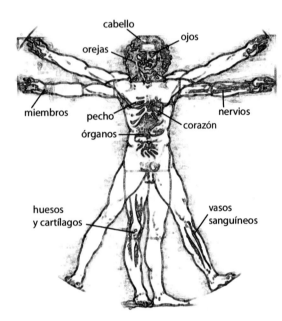

cabello

ojos

orejas

miembros   pecho   nervios

órganos   corazón

huesos y cartílagos   vasos sanguíneos

Bioingeniería: ciencia, no ficción

Dentro de unos años, el médico dispondrá de una variedad tan extensa de tecnologías para el diagnóstico y la terapia que la práctica clínica cambiará de forma casi inimaginable. Y la responsabilidad será la bioingeniería, la integración interdisciplinaria de medicina y cirugía con las ciencias básicas y las ingenierías. Un campo en que centros y hospitales catalanes son adalides.

Antes de que se desarrollase la bioingeniería no disponíamos de avances que ahora damos por supuesto. Hacer una resonancia para conocer el alcance de una lesión, operar mediante cirugía con láser y practicar una ecografía a una embarazada son prácticas comunes. Implantes quirúrgicos como prótesis de rodilla, lentes intraoculares, marcapasos e implantes dentales todos son productos de la bioingeniería.

A pesar del profundo cambio en la práctica de la medicina y de la cirugía que ha ocurrido a lo largo de estos últimos cuarenta años, las posibilidades de evolución son enormes. Los más recientes avances en biología celular y molecular combinados con la aparición de las nanotecnologías permiten pensar y soñar en nuevos métodos más personalizados, precisos y regeneradores.

En centros de investigación y hospitales en Cataluña en estos momentos están desarrollando una multitud de proyectos en el ámbito de la bioingeniería y la nanomedicina. Nuevas nanotecnologías de liberación controlada de fármacos permitirán transportar y liberar con precisión el medicamento allí donde es requerido, sin afectar a otros tejidos u órganos. Por ejemplo, se están produciendo diminutos arpones que circulan por el interior de una arteria hasta situarse junto a un tumor canceroso y atacarlo liberando una dosis de un fármaco. Otros proyectos incluyen brazos biónicos y cascos con un sistema de visión artificial. Aunque parezca todo eso de ciencia ficción, no es ficción, sino pura ciencia.

Resumido de La Vanguardia

Vocabulario

ser adalid *to be the leader*

un arpón *a harpoon*

el cabello *hair*

calvo *bald*

un casco *a helmet*

la cirugía *surgery*

el diagnóstico *diagnosis*

la dolencia *ailment*

la hipertensión *high blood pressure*

una lente *a lens*

una lesión *a wound, an injury*

liberar *to release*

el marcapasos *pacemaker*

el tejido *tissue*

el tratamiento *treatment*

2 a Lee el texto y contesta a las preguntas en tus propias palabras en español.

i ¿De qué manera cambiará la práctica clínica dentro de unos años?

ii ¿Qué es la bioingeniería?

iii ¿Qué ejemplos de bioingeniería damos por supuesto ahora?

iv ¿Qué tipo de avances habrá en el futuro?

v ¿Qué se está investigando en centros catalanes?

vi ¿Cuál de los proyectos podría ser de interés a un paciente que padece de cáncer?

b 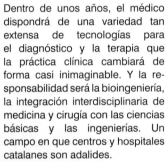 ¿Cuál es el avance médico más importante de los dos últimos siglos? Lee el artículo y haz las actividades.

3 a 🎧 Escucha la entrevista sobre un estudio pionero que investiga el colesterol elevado en una familia de tres generaciones. ¿Cómo se dicen las siguientes frases en español?

i it can lead to death

ii the poor functioning of a gene

iii in order that adequate prevention can be made

iv the primary cause of heart disease

v dietary surveys and blood and DNA tests

vi in spite of working as a cattle farmer

vii he took the pills when he remembered to

viii the four heart attacks they have between them

ix so that the condition could be investigated

x an important saving for the Health budget

b 🎧 Escucha otra vez y empareja las dos mitades de las frases.

i Miles de personas sufren de colesterol elevado

ii La hipercolesterolemia familiar está causada

iii El estudio pretende identificar las razones

iv El primer motivo de las dolencias coronarias

v A cada miembro de la familia Santillana

vi Jesús Santillana no se cuidaba

vii Cuatro miembros de los Santillana

viii Por su condición médica a Cristina se le permite

ix El objetivo del equipo médico

x La medicina preventiva ahorrará

a es el colesterol elevado.

b han sufrido infartos de miocardio.

c por un gen que controla la eliminación del colesterol.

d a pesar de que tuviera elevado el colesterol.

e comer chucherías sólo los días festivos.

f por las enfermedades cardiovasculares.

g dinero para el Ministerio de Sanidad.

h se le hace cuestionarios, encuestas y análisis.

i que no tiene síntomas ni dolores.

j es prevenir las enfermedades cardiovasculares.

4 💡 Con tu compañero/a prepara unas preguntas y respuestas para hacer una entrevista. (hoja de trabajo)

5 💡 Adapta un artículo sobre el impacto de algún avance médico o científico escribiendo un resumen de unas 250 palabras. (hoja de trabajo)

Expresiones claves

hacer un análisis de sangre

tener el colesterol elevado

la pérdida de cabello

practicar una ecografía

a edad temprana

padecer de una enfermedad cardiovascular

una gota de sangre

el implante quirúrgico

sufrir un infarto de miocardio

hacer una resonancia

prótesis de rodilla

dar algo por supuesto

💡 Gramática

Using the subjunctive after conjunctions

Use the subjunctive:

▪ after conjunctions of purpose: *de manera que, de modo que, para que, de forma que*

de modo que se investigara su condición

▪ after certain other conjunctions: *antes de que, con tal que, a menos que, aunque, a pesar de que*

antes de que se desarrollase la bioingeniería

Vocabulario

un arma de doble filo *a double-edged sword*

las células madre *stem cells*

controvertido *controversial*

el embrión *embryo*

la fallecida *dead woman*

la fecundación in-vitro *in vitro (test-tube) fertilisation*

la obtención *obtaining*

la potestad *authority*

la prepotencia *arrogance, high-handedness*

una quiebra *a division*

el recelo *misgivings, suspicion*

la reproducción asistida *fertility treatment*

sedar *to sedate*

la tutela legal *ward of court, guardianship*

1 Con tus compañeros lee los siguientes titulares y considera los siguientes puntos:

- ¿Cuál de los titulares es el más polémico y por qué?
- ¿Qué ventajas puede sacar la humanidad de cada avance?
- ¿Qué problemas éticos presenta cada avance?

Piensa además en otras tecnologías que presentan problemas éticos.

> **Un equipo de científicos consigue leer el cerebro de las personas y anticiparse a sus pensamientos**

> **Crean esperma artificial a partir de células madre embrionarias**

> **Una madre canadiense decide congelar óvulos para que los use en el futuro su hija estéril**

> **Los cultivos transgenéticos podrían poner fin al hambre mundial**

Inmaculada Echevarría

La muerte de Inmaculada Echevarría reabre el debate sobre la eutanasia

El deseo de morir de la tetrapléjica Inmaculada Echevarría se cumplió el miércoles en el hospital que ha sido su casa durante los últimos 10 años. Se retiró el respirador al paciente de 51 años que la mantenía con vida. Con su muerte acabó su larga y polémica lucha, en la que se han confrontado términos legales, éticos y religiosos.

La Iglesia dice que retirarle el respirador es eutanasia o suicidio asistido, frente a los que aseguran que Inmaculada ejerció su derecho legal a no recibir un tratamiento. El Cardenal Antonio Cañizares señaló que esta muerte denota una situación social que puede conducir a una quiebra moral.

José Miguel Serrano, profesor de Derecho de la Universidad Complutense, preguntó cuál habría sido la reacción de los que condenan este caso si la paciente hubiera rechazado desde el principio ponerse un respirador. La Asociación Derecho a Morir Dignamente aseguró que el caso 'abre la puerta a otros enfermos que quieran exigir sus derechos dentro de los límites que marca la ley'.

Según los médicos es 'habitual' que pacientes en proceso terminal e irreversible de su dolencia rechacen el tratamiento, si bien Inmaculada presentaba la particularidad de que 'no podía quitarse por ella misma el respirador, sino que dependía de que la desconectasen terceras personas'.

'La sedaron, nos dio un beso a los que estábamos allí y después la desconectaron', afirmó un amigo de Inmaculada. Precisó que sus últimas palabras fueron de agradecimiento a los enfermeros quienes lucharon por ella.

En su última voluntad, la fallecida pedía a su único hijo, dado en adopción al no poder cuidarlo debido a su enfermedad, que sus cenizas fueran esparcidas en la costa de Pontevedra 'donde fue más feliz'.

www.20minutos.com

2 Lee el texto y contesta a las preguntas usando tus propias palabras en español.

a ¿Cómo murió Inmaculada Echevarría?

b ¿Cómo describe la Iglesia Católica la muerte de Inmaculada?

c ¿Qué dice José Miguel Serrano que deben considerar a los que condenan este caso?

d ¿Qué es habitual que hagan los pacientes en proceso terminal?

e ¿A quiénes fueron dirigidas las últimas palabras de la paciente?

f ¿Por qué dio Inmaculada Echevarría en adopción a su hijo?

3 a 🎧 Escucha las opiniones sobre la muerte de Inmaculada Echevarría y la eutanasia. ¿Cómo se dicen las siguientes frases en español?

i to turn off the light for him

ii can be threatened by clinical practice

iii death can be considered a lesser evil

iv the interested party freely requests it

v watch out for the high-handedness

vi the authority to decide for us

vii to put up with the suffering

viii to make those around us suffer

ix we shouldn't wait until we are sick

x we could change our minds

b 🎧 ¿Quién lo dice? Escucha otra vez las entrevistas con Natalia, Javier, Eva, Pedro, Irene y Guillermo, luego elige la persona o las personas correctas para cada frase.

i Es necesario declarar qué queremos que nos pase si nos quedamos gravemente incapacitados por cualquier razón.

ii No se debe tratar de cambiar el destino que nos ha tocado.

iii Antes de que se practique la eutanasia, hay que asegurarse que la familia del paciente no se oponga.

iv No hay derecho a que a un perro le podamos asistir a morir cuando esté en la agonía mientras que un ser humano tenga que sufrir sin dignidad.

v En ciertos casos la intervención médica ha robado a algunas personas la oportunidad de una muerte digna.

vi Hay que cuestionar las intervenciones médicas porque no siempre benefician al paciente.

vii Tenemos que considerar que hay que contar con otras personas para que realicen el acto de eutanasia.

viii No entiendo por qué razón tiene que oponerse el Estado si alguien quiere elegir la eutanasia.

4 💡🎧 Escucha el boletín de radio sobre la clonación terapéutica y haz las actividades.

5 💡 Con tus compañeros/as haz un debate sobre una cuestión ética. Podéis prepararos con la ayuda de la hoja. Luego, discutid sobre una de las cuestiones siguientes. (hoja de trabajo)

> Las cámaras ocultas y otros medios tecnológicos de vigilancia son un abuso de la privacidad individual.

> El uso del feto humano para las investigaciones de células madre no es aceptable.

> El uso del portátil e internet para todo aumenta el aislamiento del ser humano.

6 💡 Investiga sobre las cuestiones éticas de un avance técnico y escribe un artículo de unas 250 palabras. Si quieres, puedes elegir una de las cuestiones del ejercicio 5. (hoja de trabajo)

Expresiones claves

alargar la vida

la calidad de vida

los cultivos transgenéticos

el derecho a decidir

entrar en juego

morir dignamente

la quiebra moral

la separación entre fe y Estado

suscita graves implicaciones éticas

hacer un testimonio vital

tratar con dignidad

Estrategias

Reading strategies

■ Scan through the text, identifying key words and information.

■ Discard unnecessary detail.

■ Don't read word-by-word: look at whole sentences.

■ Contextualise: the language around a word will help you deduce its meaning.

■ Think of words in English that are similar enough to be a clue to meaning.

■ The grammatical role of an unfamiliar word can help you work out its meaning.

Now you should be able to:

- ■ discuss the impact of technology in the home and workplace
- ■ discuss the impact of medical and scientific research
- ■ discuss ethical issues linked to scientific and technological progress

Grammar

- ■ use the subjunctive in future references and conditional *si* constructions
- ■ use the subjunctive appropriately after certain conjunctions

Skills

- ■ use reading techniques for understanding new constructions, e.g. the past anterior

---

✓ ¡Haz la prueba!

1 Escribe una frase que tenga el mismo significado que la siguiente.

una violación de la intimidad

2 ¿A qué se refiere esta definición?

la integración interdisciplinaria de medicina y cirugía con las ciencias básicas y las ingenierías

3 Traduce la siguiente frase al inglés.

Puede verse amenazado por los medios clínicos.

4 Da un ejemplo de cómo cambiará la práctica clínica dentro de unos años.

5 Rellena los espacios poniendo los verbos indicados en el tiempo correcto.

Antes de que le … [extraer] la muela, el dentista le dio anestesia y de modo que … [tratarse] la infección le … [recetar] antibióticos.

6 Completa la frase con palabras o expresiones adecuadas.

Europa está desarrollando el mayor … de su historia, un programa espacial que … a todos los países … .

7 Escribe una respuesta adecuada a esta opinión.

Creo que es justificable la eutanasia cuando la calidad de vida no existe.

8 ¿A cuál proceso tecnológico se refiere la siguiente definición?

Busca la obtención de células madre para crear tejidos que podrían servir en la curación de enfermedades.

9 ¿A qué se refiere la siguiente descripción?

una enfermedad silenciosa, que no tiene síntomas ni dolores y que puede llegar a la mortalidad

10 Traduce la siguiente frase al español.

I wouldn't have been able to work so easily if I hadn't had that free time.

Study tips

Listening

Make sure that you know whether you must pick out a **"true"** or **"false"** item. Don't mix them.

As you progress through the listening section, read the questions carefully and listen to **small relevant chunks** at a time.

Speaking

Try link word games, i.e. all vocabulary related to main topics under headings of nouns, verbs and adjectives.

Reading

If you have made a **mistake put a line through it**, and make sure you write your chosen answer clearly.

Look out for verbs in the **imperative** which end in -*a* or -*e* or even -*an*, -*en* or -*ad* or -*ed*, depending on whether they are singular or plural. Do not confuse with the present tense! They are telling you, as reader, to do or not to do something.

Writing

Use **structures** you are familiar with. Avoid excessively complex sentences where you could lose control over word order and verb ending agreements.

10   Dossier cultural

In order to equip you with the necessary skills to speak and write effectively about the culture of the Hispanic world, we will consider the following areas:

- how to talk or write about the geography of a region, a period of twentieth century history, the work of Spanish or Hispanoamerican authors, dramatists, poets, musicians, film directors, artists and architects

- how to evaluate the influence these aspects have had on the country's development

- how to talk or write about a range of characteristics and features of the chosen cultural topic

- how to give a personal perspective on a topic in speaking and writing

- how to develop the scope of your vocabulary, including appropriate specialist terms

- how to speak and write about the topic in an accurate and precise manner.

Spain is well known as one the world's most popular tourist destinations, but there is far more to this varied and fascinating country than sun, sea, sand and sangría! One of the largest European countries, Spain's situation is special, looking in to the Mediterranean and out to the Atlantic and, with its southernmost point reaching to within 14km of Africa, acting almost as a bridge between the two continents. Its population, at 46 million in the 2008 census, is considerably smaller than that of the UK and is spread relatively thinly over a much bigger land mass. The geography of this, the second highest land in Europe, is extremely diverse, especially when you include the Balearic and Canary Islands.

Its 17 autonomous communities reflect the vast range of racial and cultural influences and the effects of a colourful and eventful history. After various political upheavals in the 20th century, each fascinating to study, Spain can now be considered a thoroughly modern democracy and a leading member of the European Union.

The Spanish take great pride in their rich cultural heritage, particularly in visual art, architecture and literature. Among world-renowned artists, Velázquez, Goya, Picasso and Dalí are veritable giants, famed for their techniques and use of colour and light. In literature, some of the works of great writers, playwrights and poets from Cervantes and Delibes to Machado and Lorca hint at the influence of centuries of Arab occupation. This is also seen in many of Spain's greatest buildings, in addition to European architectural styles, while Gaudí must be considered one of the world's most original architects. The Spanish film industry bristles with talented directors. Spain is perhaps better known for traditional and regional music than for classical composers, but there are great names such as Falla and Rodrigo; then there are the popular *cantautores* such as Joan Manuel Serrat of more recent times.

As if all this were not enough to choose from, there is the vast additional dimension of the turbulent history, hugely varied geography and enormous cultural wealth of Hispanoamerica, whose 20-plus countries multiply the variety and range offered by the Hispanic world.

In this section, we introduce you to various geographical, historical and cultural aspects of Spain and Hispanomerica in order to demonstrate the skills you need to carry out further research on an aspect of your choice.

A. Una región del mundo hispanoparlante

A Coruña

En esta sección, te presentamos una región muy característica de España (Galicia) y un país muy importante de Hispanoamérica (México). Estudiarás información sobre su geografía e historia, sus habitantes y cómo se ganan la vida – es decir, las actividades económicas de estas dos regiones. Además, podrás apreciar las ventajas y los inconvenientes de vivir y trabajar allí.

Según tus intereses, tendrás la oportunidad de estudiar otra región de España o del mundo hispano. Tu elección podría resultar de tus propios intereses – por ejemplo históricos o culturales – o de una visita a la región o país; igualmente, quizás tengas un pariente o amigo que vive allí, o te gustó un libro o una película cuyo argumento se basaba allí; además algunas regiones se asocian con un personaje heroico o una celebridad que podría interesarte.

Claro está, el mundo hispano ofrece un sinfín de posibilidades, con veintisiete países de hispanohablantes y una población total de casi cuatrocientos millones. Las posibilidades disponibles varían, desde Andalucía o Castilla y León, las regiones quizás más estereotípicas de España, a Colombia o la República Dominicana, dos países muy distintos. ¡A elegir!

Una región de España

Galicia

Galicia está situada al noroeste de la Península Ibérica, limitada al sur con Portugal, y al este con Castilla y León y Asturias. Al norte está el mar Cantábrico, al oeste el océano Atlántico. No tiene sierras altas, pero sí miles de hectáreas de monte y bosques.

Con su herencia celta (como Escocia, el País de Gales e Irlanda – ¡incluso música de gaitas!) – posee un carácter especial. Tiene dos idiomas oficiales: el castellano y el gallego: un 90% de la población habla esta lengua propia de Galicia, muy parecido al portugués; RadioTelevisión de Galicia emite programas en gallego que se pueden acceder en internet; no es difícil de entender si hablas bien el español.

Además de agricultura y pesca, Galicia tiene industrias importantes:

construcción naval, industria automovilística y textiles. Cada año miles de peregrinos viajan a Santiago de Compostela – andando, a caballo o en bicicleta, siguiendo caminos medievales. Aunque alejada de Madrid y otros centros turísticos, con las mejoras de la infraestructura realizadas en los años recientes Galicia ya no es difícil de visitar. Atrae a cada vez a más turistas que quieren experimentar su gastronomía – famosa especialmente por su pescado, mariscos y vino – y la cultura celta, con sus gaitas, *queimadas** y *meigas*.

*queimada = especie de ponche o 'punch', hecho con <u>aguardiente</u>, <u>azúcar</u>, corteza de <u>limón</u> o <u>naranja</u>, y unos granos de <u>café</u> sin moler. Se prepara recitando conjuros para alejar a malos espíritus y *meigas* (brujas).

1 Apunta al menos tres datos debajo de cada uno de los siguientes titulares.

a La situación geográfica de Galicia y sus características en lo que se refiere a su paisaje

b Su cultura y su idioma

c Sus actividades económicas

d Turismo en Galicia

e Su gastronomía

f Una tradición que se observa para protegerse de las brujas

La catedral de Santiago de Compostela

2 ¡Te toca a ti! Escoge una región de España que te interesa: usando la estructura del texto sobre Galicia, prepara un resumen de tu región, describiéndola según los temas de estas preguntas:

- ¿Dónde se sitúa la región? (norte/sur/este/oeste; mar/montaña, etc.)
- ¿Cuáles son los elementos importantes de su historia?
- ¿Cómo se ganan la vida los habitantes? (economía: industrias/agricultura/turismo)

- ¿Cómo es su calidad de vida, en lo que se refiere a trabajo, transporte, clima, ocio? (vivir/trabajar/divertirse)
- ¿Cuáles son los problemas principales de la región?
- En tu opinión, ¿cómo cambiará esta región durante los próximos años?

3 🎧 María habla de Galicia

a María, gallega, habla de su región. Escucha la primera parte de la entrevista en la que habla de Vigo, y contesta a estas preguntas.

i ¿Cuáles son los puntos positivos y negativos de la vida en Vigo?

ii ¿Qué opinión tiene María de Vigo?

iii ¿Qué piensan los vigueses de su ciudad?

iv ¿Cómo es la infraestructura de Vigo?

v ¿Qué posibilidades tienen los jóvenes de encontrar trabajo en Vigo, y en qué trabajan?

vi ¿Cómo es la calidad de vida en Vigo, y cómo es su clima?

vii ¿Qué oportunidades tienen los vigueses para el ocio?

viii ¿Qué atracciones tiene la ciudad para los turistas?

b Ahora escucha la segunda parte de la entrevista en la que María habla del resto de Galicia, y contesta a estas preguntas.

i ¿Cómo es Sarria?

ii ¿De qué viven los habitantes de Sarria?

iii ¿Qué tipo de problemas tienen?

iv ¿Cómo va a cambiar la vida en las comunidades rurales?

4 ¿Dónde está situada la región de España que te interesa? ¿Cuáles son sus características más importantes? Prepárate para discutir los siguientes elementos:

- geografía
- historia
- vida económica

- elementos que contribuyen a la calidad de vida, o que presenten dificultades – transporte, clima, oportunidades (o falta de oportunidades) para el ocio

5 Prepárate para contestar a las siguientes preguntas sobre la región o comunidad que has elegido.

- ¿Por qué elegiste esta región/comunidad?
- ¿Cuáles son los rasgos más importantes de la identidad de la región/comunidad y de sus habitantes?
- ¿Cuáles son los aspectos más significativos de esta región/comunidad en comparación con el resto del país?
- ¿Qué influencias se observan hoy en día que resultan de la historia reciente de la región/comunidad?
- ¿Cómo influye su situación geográfica en la región/comunidad, por ejemplo regiones vecinas, mar, sierra, clima?
- ¿Cómo ha cambiado esta región/comunidad en los años recientes?
- ¿Cómo debería cambiar la región/comunidad en el futuro para mejorar la calidad de vida de sus habitantes?

◤ Estrategias

Structuring a description

■ Jot down paragraph headings for the points you want to cover.

■ Place these in order, e.g. by importance or to draw out contrasts.

■ Which language constructions will you need, e.g. imperfect/present/present continuous, to describe change?

■ Plan a brief introduction and conclusion, perhaps referring to likely future developments in the region.

ℹ Tus investigaciones

When studying your chosen region, you should consider aspects such as:

■ its importance and role within Spain

■ access and infrastructure

■ landscape, climate, environmental issues such as erosion or deforestation

■ political issues

■ immigration, emigration.

Make the most of any personal experience or contacts you have there.

■ Un país/una región de Latinoamérica

México

'¿Cómo es ese país de México?' le preguntó el Rey de España al Conquistador Hernán Cortés. Recordando las dificultades que había tenido para explorar el país, cogió una hoja de papel, la arrugó, y la puso en la mesa. 'Es así', contestó; las arrugas en el papel representaban las montañas y valles de México. Efectivamente, este país de unos 2 millones de kilómetros cuadrados tiene una enorme variedad de paisajes, y mucho terreno difícil – montañas, selvas y desiertos.

Limita al norte con Estados Unidos, y al sur con Guatemala y Belice; al este tiene el Caribe y el golfo de México, y al oeste el océano Pacífico. Hay un contraste enorme entre zonas costeras y el interior; estas diferencias influyen mucho en el estilo de vida de los habitantes y se ven reflejadas en las características físicas de las razas indígenas más importantes: los aztecas que vivían en la parte central de México, y los mayas en la península de Yucatán. Las ciudades antiguas y templos ancianos de aztecas y mayas atraen a muchos turistas, entre ellas las ruinas de Tenochtitlan en la capital, México DF (Distrito Federal), y Chichén Itzá, cuyas pirámides son una de las grandes atracciones del Yucatán. Con la llegada a veces violenta de los conquistadores, muchos elementos de las culturas y religiones indígenas fueron incorporados a las de los españoles, por ejemplo la veneración de los muertos, y las prácticas mágicas.

Como ejemplo de los contrastes que existen en este país enorme: México DF tiene más de 8 millones de habitantes, y aunque tenga barrios pobres, es una ciudad moderna y próspera. Por contraste, en la pequeña comunidad de Sayulita en la costa del Pacífico, se puede apreciar la hermosura del mar, y la naturaleza; aunque tiene turismo, en Sayulita los turistas se mezclan entre sus tres mil nativos. No hay grandes hoteles ni centros nocturnos; en cambio uno puede relajarse y olvidarse del estrés de las grandes ciudades.

México siempre ha tenido relaciones bastante turbulentas con Estados Unidos, desde sus respectivas guerras de independencia hasta los esfuerzos actuales de EEUU para combatir la inmigración ilegal: están construyendo vallas a lo largo de la frontera para poner fin a la ola de mexicanos que buscan una vida mejor.

Como la mayoría de Hispanoamérica, México es un país de contrastes enormes: moderno y próspero, pero aún con mucha pobreza, especialmente entre el pueblo indígena. Pero a la vez, gracias a su riqueza agrícola e industrial, notablemente su industria petrolera, y el desarrollo del turismo de masas, es un país que avanza rápidamente.

LOS EE. UU.

MÉXICO

Golfo de México

Ciudad de • México

Océano Pacífico

1 Contesta a las preguntas siguientes.

a ¿Cómo sabemos que fue difícil explorar y conquistar México?

b ¿Cómo se puede resumir la geografía del país?

c ¿Cómo contribuyen la cultura y la historia de México a la economía del país?

d ¿Dónde preferirías vivir – en México DF o en Sayulita? ¿Por qué?

e ¿Cómo se sabe que a los norteamericanos les gustaría reducir la inmigración ilegal?

f En general, ¿cómo se ve el futuro de México?

2 Ahora, ¡te toca a ti! Escoge una región o un país de Hispanoamérica que conoces o que te interesa. Prepara un breve resumen, describiendo la región o el país según los temas de las siguientes preguntas.

- ¿Dónde se sitúa la región/el país?
- ¿Cuáles han sido los elementos más importantes de su historia y de su cultura?
- ¿Cómo son sus habitantes? (raza/rasgos físicos/característicos/ inmigración)
- ¿Cuáles son los problemas principales de la región (¿cuestiones económicas? ¿climáticos? ¿políticos?)
- ¿Cuáles son las aspiraciones de la región para el futuro, y con qué peligros podría tener que enfrentarse?

3 🎧 ¿Cómo es México? Blanca nos contesta …

a Primera parte

   i ¿Qué dice Blanca acerca de su juventud en México?

   ii ¿Cómo viajaba la familia cuando iban de vacaciones?

   iii ¿Cómo era Monterrey cuando Blanca era joven?

   iv ¿Qué otras regiones de México conocía?

   v ¿Cuáles son los atractivos del Yucatán?

b Segunda parte

   i ¿Cómo han cambiado Monterrey y la costa?

   ii ¿Preferiría Blanca vivir en Monterrey o en la costa? ¿Por qué?

   iii ¿Qué opina Blanca de México hoy en día?

   iv ¿Qué piensan sus sobrinos mexicanos?

   v ¿Cómo ve Blanca el futuro de México?

4 ¿Cómo es la vida en la región que estudias? Prepárate para discutir las siguientes preguntas.

- ¿Cómo viven los habitantes – en ciudades grandes o pueblos pequeños, casas individuales o pisos?
- ¿En qué trabajan?
- ¿Cómo se divierten?
- ¿Cómo son los transportes e infraestructuras?

Podrías presentar las opiniones de un turista imaginario, contrastándolas con las de un nativo que siempre ha vivido allí.

5 Prepárate para contestar a las siguientes preguntas sobre la región o comunidad de Hispanoamérica que has elegido.

a ¿Dónde se encuentra tu región o comunidad exactamente?

b ¿Por qué escogiste esta región o comunidad?

c ¿Qué sabes tú de la región o comunidad?

d ¿Cuáles son las industrias principales de la región o comunidad?

e ¿Cómo es la economía de la región o comunidad, próspera o no?

f ¿Cuáles son las ventajas de vivir en esta región o comunidad?

g ¿Cuáles son los inconvenientes de vivir allí?

🏴 Estrategias

Expressing an opinion or evaluation

■ Use a range of impersonal verbs, not just *'gustar'*, to give positive/negative opinions.

■ Impersonal expressions such as *'es preciso recordar que'* are useful for evaluation.

■ Remember you may need the subjunctive when expressing regret, doubt or possibilities.

■ Use facts or experience to justify your opinions.

i Tus investigaciones

When studying a region or country, you could consider:

■ its role, reputation and importance, at the international level

■ its cultural characteristics

■ its connections with major political or artistic figures.

You could also consider how the work of one or more major artists or writers has contributed to the international image of the country or region.

i Webquest

Para ti personalmente, ¿cuáles serían las ventajas y los inconvenientes de vivir y trabajar en Aragón?

Una época de la historia del siglo 20 de un país hispanoparlante

La historia de España del siglo veinte nos ofrece una serie de épocas interesantes y acontecimientos importantes, algunos muy trágicos, que llevaron a la España democrática y próspera que conocemos hoy. Así, puedes elegir entre la trágica Guerra Civil de 1936–1939, la dictadura cruel del General Franco de 1939–1975, y la transición a la democracia, a partir de 1975, gracias mayormente a la inteligencia y heróica determinación del Rey Juan Carlos, que ha sido una verdadera inspiración. Por si esto fuera poco, ¡tienes toda la gama de posibilidades del resto del mundo hispano! A lo largo del siglo veinte, muchos países hispanoamericanos hicieron progresos tremendos, una vez desaparecidos los dictadores que gobernaban la mayoría de ellos. Entre los elementos más interesantes están la Revolución cubana, la Guerra de las Malvinas en Argentina, y la transición a la democracia de Chile. Aquí ponemos como ejemplos este último y la dictadura de Franco, ¡pero luego tú tienes que elegir lo que te interesa más a ti!

Una época del siglo 20 en España

Los últimos años de la dictadura del Generalísimo Franco

En los años 60 (la tercera década de la dictadura), al parecer en España entraba una época de estabilidad: estaba en paz, empezaba a ser más próspera, gracias al turismo. Parecía que el Caudillo (otro título del Generalísimo) finalmente veía realizarse la España de su lema favorito, que figuraba en las monedas: 'Una, grande, libre'. Sin embargo, seguían la censura, la injusticia, sobre todo hacia mujeres y minorías, y la represión de manifestaciones estudiantiles. Los escolares tenían que estudiar 'Movimiento', la ideología política falangista de Franco. La Iglesia todavía tenía mucha influencia, pero ya aparecía una nueva generación de sacerdotes jóvenes que pedían justicia social.

Claro, en ciertas regiones, notablemente Vascongadas y Cataluña, seguían y crecían las aspiraciones separatistas. Las acciones represivas del gobierno franquista llevaron en 1959 a la formación de ETA (Euskadi Ta Askatasuna – en español, País Vasco y Libertad), y a su campaña violenta contra los representantes del gobierno – atentados contra la policía, asesinatos de 'enemigos' individuales, y secuestros de gente rica para ganar fondos. En 1973, ETA asesinó al presidente del gobierno, el Almirante Luis Carrero Blanco, con una explosión espectacular que hizo volar su coche por encima de un bloque de pisos. Todo esto llevó al endurecimiento de la actitud de Franco: en 1975, condenó a muerte a 11 terroristas, entre ellos dos mujeres. A pesar de las protestas internacionales, un pelotón de fusilamiento cumplió la condena a finales de septiembre, fusilando a cinco terroristas. Dos meses después murió el dictador …

1 Las palabras de estas frases no están en el orden correcto: ¡tienes que ponerlas en orden!

a En España y años un próspero 60, parecía país los estable.

b injusticia, censura los los medios manifestantes de de, y represión Había.

c las aspiraciones En a la Vascongadas llevaron ETA formación de separatistas.

d Su notorio el del atentado asesinato más fue presidente.

e ETA introdujo más una dura campaña contra Franco.

f protestas fusilados cinco A de las terroristas fueron pesar.

g jugó Franco la papel moderna en la evolución de un España.

2 Tienes que escoger un período de la historia de España del siglo veinte. Tienes que tener en cuenta:

- Cuáles fueron los acontecimientos o circunstancias contribuyentes …
- Las tendencias políticas y sociales, y las aspiraciones de la gente (reforma de justicia, etc.) …
- Quiénes fueron los personajes y grupos involucrados, y lo que buscaban …
- Si un solo acontecimiento/circunstancia, interna/externa, provocó el acontecimiento, cuál fue …
- Cómo se desarrolló el acontecimiento …
- Qué se hizo para afectar/prevenir/promoverlo …
- Qué pasó a la gente/grupos involucrados/afectados …
- Cuáles fueron las consecuencias …
- Mensajes para el futuro …
- Tus opiniones sobre los acontecimientos/gente/mensaje que aprendieron…

3 🎧 Escucha a las dos personas que hablan de Franco: vas a oír dos opiniones muy distintas. Luego contesta a las preguntas.

a Primera parte: Ángel

  i ¿Qué opinión tenía Ángel de ETA cuando era estudiante, y por qué?

  ii ¿Cómo trató de eludir a la censura para obtener los libros que necesitaba?

  iii ¿Cómo reaccionaba la Policía Armada a las manifestaciones estudiantiles?

  iv ¿Cuál fue la reacción de Ángel ante este tipo de violencia?

  v ¿Qué opinaba entonces de los atentados de ETA?

  vi ¿Cuál fue la reacción de Ángel al asesinato de Carrero Blanco?

  vii ¿Cuál es su reacción ahora?

  viii ¿Cómo reaccionó al oír la noticia de la muerte de Franco?

b Segunda parte: Joaquín, profesor jubilado

  i ¿Cómo describe Joaquín las opiniones del conserje del Instituto Goya?

  ii ¿Qué pensaba el conserje de los jóvenes?

  iii ¿Qué opinaba el conserje de Franco?

  iv ¿Cómo reaccionaba la gente a los policías en tiempos de Franco?

  v ¿Qué pensaba el conserje de la situación en 1979?

  vi Y según Joaquín, ¿que pensaban los jóvenes en 1979 de la democracia?

4 Estudia un acontecimiento del siglo veinte en España; contesta a las preguntas.

- ¿Cuáles fueron las circunstancias que llevaron a este acontecimiento?
- ¿Cuáles eran las ideas y preocupaciones de la gente?
- ¿Qué pasó exactamente?
- ¿Quiénes fueron los personajes principales involucrados?
- ¿Cómo contribuyeron a lo que pasó?
- ¿Cuáles fueron las consecuencias?
- ¿Qué opinas de esto?

Estrategias

Taking an active part in a discussion

In the discussion part of the speaking test you need to be able to:

- ■ deal with questions that challenge or follow up what you say
- ■ deal with hypothetical (What about? What if?) questions, e.g. about different courses events might have taken
- ■ discuss implications and consequences of historical events and decisions
- ■ react constructively to other viewpoints even if you disagree totally.

***i* Tus investigaciones**

¿Eres historiador(a)?

When studying your chosen period of history, you should consider the following aspects as appropriate:

- ▪ whether the country/region was stable/prosperous, free/democratic beforehand; if not, what?
- ▪ whether people experienced freedom of speech/politics, or repression/censorship
- ▪ whether people were free/had rights in e.g. divorce, abortion, women's rights
- ▪ the position of minorities
- ▪ if war/violence: statistics on casualties, impact and consequences
- ▪ if otherwise: factors like impact of foreign tourism on prosperity/social trends/aspirations
- ▪ immigration and associated issues.

Make the most of the personal experience of people you know who lived through the period.

■ Una época del siglo 20 en Latinoamérica

Los años de la dictadura de Pinochet en Chile: 1973–1988

Como muchos países hispanoamericanos, en la primera mitad del siglo 20, Chile sufrió bastante de su herencia colonial: los ricos (de origen europeo) controlaban dinero, recursos naturales y tierra fértil, mientras los pobres (de origen indígena) sufrían pobreza e injusticia. La explotación de los recursos naturales, tales como el cultivo de fruta, y las minas de salitre, estaba en manos de empresas extranjeras, en la mayoría norteamericanas. Cualquier intento de obtener la justicia salió mal, como la manifestación que terminó con la masacre, a manos del Ejército, de miles de campesinos y mineros en la Escuela de Santa María, Iquique, en 1907. Eventos de este tipo tenían un efecto duradero sobre la mentalidad de ambas clases sociales: una sociedad dividida.

No es de sorprender que en 1970 fuera elegido como presidente de Chile un médico marxista, Salvador Allende; trató de establecer un estado socialista, nacionalizando varias empresas extranjeras que explotaban los recursos de Chile, reformando la agricultura, y aumentando los salarios de los trabajadores. Pero ya empezaban a luchar contra él las fuerzas siniestras de la CIA: su estrategia consistía en crear un clima de inestabilidad política, para provocar la intervención de las Fuerzas Armadas. El once de septiembre de 1973, las fuerzas del General Augusto Pinochet, con la ayuda de la CIA, lograron derrocar el gobierno de Allende.

Pinochet empezó a revocar las reformas. Como Franco treinta y cinco años antes en España, el General chileno instituyó una campaña de represión triunfalista. Muchos individuos que habían apoyado a Allende – entre ellos intelectuales, músicos y artistas – fueron detenidos. El cantautor Victor Jara fue torturado y asesinado en el Estadio Chile en Santiago, por las ideas políticas que expresaban sus canciones. Otro ejemplo de la represión cruel y violenta es una doctora británica, Sheila Cassidy. La policía la detuvo por haber tratado a un refugiado revolucionario, la encarcelaron y torturaron durante varios meses; durante este tiempo observó mucha crueldad y la muerte de muchos a manos de las fuerzas de Pinochet.

Pero al final, en 1988 hubo un plebiscito en el que la campaña contra Pinochet, apoyada por la prensa española, tuvo éxito; Pinochet tuvo que ir renunciando a varios elementos de su poder, dejando lugar a un gobierno democrático. Muchos chilenos y gente de otros países cuyos parientes chilenos habían sufrido bajo Pinochet pedían justicia, pero a pesar de haber sido detenido algún tiempo en Londres en 1999, lo soltaron, y en 2006 murió: el fin de otro dictador.

Salvador Allende

1 Las siguientes frases resumen los párrafos del texto – dos frases para cada párrafo – pero están revueltas. Pónlas en el orden correcto …

a Los agentes secretos americanos querían fomentar una rebelión militar.

b Una médica inglesa fue imprisionada por un acto de caridad humana.

c Pinochet murió sin haber sufrido castigos por sus crímenes.

d Pinochet instituyó una cruel represión de los partidarios de Allende.

e La represión de las campañas por la justicia dejó una huella en la mente de muchos chilenos.

f El nuevo gobierno de Allende introdujo muchas reformas socialistas.

g Muchos de los problemas de Chile datan de la época colonial.

h Varios periódicos españoles aconsejaron a los chilenos para que votasen en contra del dictador.

2 Estudia un período de la historia del siglo 20 de un país o región de Hispanoamérica. Aquí tienes aspectos que podrías tomar en cuenta.

- condiciones previas, por ejemplo historia colonial/explotación
- influencia de acontecimientos históricos en la memoria/mentalidad popular
- impacto de divisiones sociales: diferencias entre europeos e indígenas
- influencia de movimientos políticos internos/externos en un evento significativo
- influencia/efecto en esta región, por ejemplo, de política exterior/de la economía de EEUU
- cualquier interferencia de gobiernos extranjeros
- impacto de la situación política sobre la vida del pueblo – represión, reformas
- reacción de sectores artísticos/literarios/musicales
- experiencia de cualquier individuo, incluso británicos
- lecciones que hay que aprender, perspectivas para el futuro

3 🎧 Allende y Pinochet; nos hablan dos chilenos. Escucha y escribe apuntes sobre:

a El gobierno de Allende según Luisa

b La represión y dictadura de Pinochet, según Luisa

c La intervención de EEUU según Luisa

d Las actitudes de Luisa hacia Allende

e Lo que Luisa piensa de Pinochet

f Las reformas de Allende según don Manuel

g La justificación del golpe y de la represión, según don Manuel

h El buque escuela *Esmeralda*

i Lo que don Manuel opinaba de Allende, y lo que dice ahora

j La democracia moderna en Chile

4 Basándote en las descripciones de Allende y Pinochet, prepárate para hablar de uno de ellos o los dos, o de otro personaje del siglo 20. Considera:

- la influencia que tuvo/tuvieron en su sociedad y en su época
- por qué tomaron las decisiones que tomaron
- el impacto de sus acciones sobre la historia, su sociedad/país, el mundo

5 Prepárate para una discusión sobre un personaje o dos personajes históricos; tendrás que contestar a las siguientes preguntas:

- ¿Por qué te interesa(n) este/os personaje(s)?
- ¿Cómo era(n) esta(s) persona(s) antes de los eventos de este período?
- ¿Qué elementos habían influido en esta(s) persona(s)?
- En tu opinión, ¿por qué tomó/tomaron las decisiones que tuvieron efectos tan importantes?
- Desde el punto de vista histórico, ¿cómo evaluarías tú las acciones de esta(s) persona(s)?
- ¿Te hubiera gustado conocer a esta(s) persona(s)?

◤ Estrategias

Speaking/writing about a historical personality

You need to be able to:

■ describe the person in a logical, methodical way (e.g. refer to his/her origins, political aspirations, relevant influences)

■ set the scene for the events covered: responsibilities/position of the person concerned at the outset

■ relate actions/decisions taken, evolution through events

■ evaluate the individual's actions, considering the consequences and repercussions

■ compare the character and impact of the individuals (if more than one).

𝒊 Tus investigaciones

When you are studying your chosen period of the 20th century in a Spanish-speaking country (or region), you should consider the following points:

■ the influence of this period on the people's attitudes and aspirations

■ social aspects of the period: injustice, privilege, conflict between social groups

■ the political situation during that time – system of government, revolutionary or opposition movements, demonstrations, etc.

■ the relevance of issues such as race, religion and prejudice

■ the impact of economic factors such as employment or poverty.

𝒊 Webquest

La Revolución Cubana

¿Te hubiera gustado vivir en Cuba en aquella época? Explica tus opiniones.

Una de las ventajas para el estudiante de español es lo que ofrece este idioma mundial en lo que se refiere a la literatura. La mayoría de la literatura de los veintitantos países de habla hispana se escribe en español, o sea en *castellano*, el nombre que se usa en varios países latinoamericanos; por eso, está a la disposición del estudiante de español. Además de la tradición española, en sí bastante original con su influencia árabe, están las tradiciones de cada uno de los países hispanomericanos, que tienen mucho que ver con la cultura indígena, con sus religiones y creencias indias y su apetito para el realismo mágico. Así, tienes un montón de posibilidades, ¡y seguramente encontrarás algo que te interese entre los miles de novelistas y escritores hispanos, incluso una novela que te transportará al otro lado del mundo!

La obra de un(a) novelista español(a)

1 Completa las siguientes frases con una palabra adecuada.

a Los 'niños de la guerra' fueron evacuados a países _____ .

b *El otro árbol de Guernica* fue publicado en _____ .

c *El otro árbol de Guernica* describe la vida de Castresana cuando era _____ .

d En Londres, Castresana trabajó como _____ .

e Después de volver a España, apareció en un programa _____ .

f En la novela, Santi quiere _____ su identidad como español.

g Los niños evacuados echaban de menos a sus _____ .

h *El otro árbol de Guernica* es un libro _____ .

i La novela critica a _____ .

j Los censores podían _____ la publicación de una novela.

Javier tenía humor, un buen talento imitativo, y parodiaba el habla de los marineros de a bordo. Los niños se reían a más no poder y cuanto mejor imitaba Javier el sonido de las palabras, más y más reían los niños.

– Aloo, jau ar yu, bois? Nais dei gui jav tudei. Com, com, bois. Dis guey, plis.

Aquello les hacía tanta gracia que casi todos los niños soltaban unas carcajadas tremendas, y dos de ellos parecían enfermos de risa.

Luis de Castresana,
El otro árbol de Guernica,
© Eunsa.es

Luis de Castresana
(1925–1986)

Luis de Castresana nació en Ugarte, Vascongadas; fue uno de los miles de los 'niños de la guerra', que el Gobierno del País Vasco decidió evacuar al extranjero, para que no tuvieran que sufrir los horrores de la Guerra Civil (1936–1939). A los 11 años Luis fue evacuado, junto con su hermana y varios amigos, primero a Francia, luego a Bélgica. Sus experiencias como refugiado forman el argumento de su libro más famoso: *El otro árbol de Guernica* (1967) que fue adaptado para el cine. De mayor, se hizo periodista, pasando algún tiempo como corresponsal en Londres; también fue delegado cultural en la Embajada de España en Londres. Tenía un buen nivel de inglés, francés y flamenco.

Volviendo a España, trabajó en un programa literario en TVE, y por fin se dedicó a escribir. *El otro árbol* cuenta sus aventuras en forma de narrativa semi-autobiográfica, pero en tercera persona. El protagonista, Santi, desarraigado (como el árbol del título) de su querida España, lucha por mantener su identidad española, contra las presiones de su familia adoptiva, mientras su propia hermana y varios amigos 'abandonan' sus conexiones con España. Ofrece una descripción conmovedora de unos niños separados de sus padres, contra el fondo de las tragedias de la Guerra Civil.

¿Cuál es el verdadero significado de esta novela tan original? Parece un libro para niños, pero si sabes buscarla, contiene mucha crítica de la guerra, y hasta critica implícitamente a Franco y los nacionalistas. Cuando Castresana escribió esta novela, todavía existía la censura; como otros escritores de la época, trató de criticar sin exponerse a los peligros de la censura, uno de los aspectos fascinantes de este libro.

2 ¡Te toca a ti ser crítico literario! Tienes que escoger un(a) novelista y una de sus obras para estudiar. Tienes que tomar en cuenta:

- Elementos principales de la vida del autor/de la autora y sus orígenes.
- Sus obras: novelas específicas y cuentos específicos.
- Cómo refleja la época/sociedad del/de la novelista.
- Los mensajes/temas principales, y cómo se presentan: ¿abiertamente o implícitamente?, ¿estilo serio o humorístico? etc.
- Elementos distintos de su estilo, por ejemplo caracterización, simbolismo.
- Tus reacciones a la obra, tu placer (o no) al leerla.

3 🎧 ¿Qué opinan estas personas de *El otro árbol de Guernica*?

a Según Nuria, ¿cuál es la reacción de Santiago a la Guerra Civil?

b ¿Por qué cree Nuria que los políticos deberían leer esta novela?

c Según Estrella, ¿qué efecto tiene sobre los jóvenes la historia de Santi?

d ¿Qué le hubiera gustado a Iñaki?

e ¿Cuál fue el único aspecto negativo de la historia de Santi, según Isabel?

f Para Isabel, ¿cuáles son los aspectos positivos y negativos de la novela?

g En la opinión de Andrés, ¿cómo trata Castresana el tema de la Guerra Civil?

h Para Pablo, ¿por qué fue una sorpresa *El otro árbol del Guernica*?

i Según Pablo, ¿qué tentación evitó Castresana al escribir este libro?

j ¿Cuál es el mensaje principal de la novela, en la opinión de Pablo?

4 Prepárate para hablar sobre Luis de Castresana o sobre el/la novelista que quieres estudiar. Tienes que ...

- ... presentar los elementos de su vida y sociedad que tuvieron una influencia importante.
- ... dar un(os) ejemplo(s) de su trabajo.
- ... explicar si esta obra que has elegido es típica de sus ideas y las influencias que ha recibido (por qué, cómo).
- ... explicar si la obra representa su estilo de escribir (por qué, cómo).

5 Habla de tu novelista preferido/a, y de una de sus obras. Prepárate para contestar a las siguientes preguntas.

- ¿Cómo fue su vida, y cuáles fueron las influencias sobre él/ella?
- ¿Cuáles fueron los acontecimientos y circunstancias que pueden haber inspirado la obra?
- ¿Cómo se desarrolló la obra?
- La obra, ¿fue polémica o innovadora, y de qué manera fue?
- Desde el punto de vista del público, ¿tuvo éxito?
- ¿Cuáles fueron las consecuencias y repercusiones posibles para el/la autor(a)?

El otro árbol de Guernica
Luis de Castresana

Cita de Letras

🔳 Estrategias

Logical planning for an effective presentation

To present your research and views on a writer, you need to be able to:

■ focus clearly on key points about your chosen writer/work

■ express and justify personal evaluation in appropriate registers

■ evaluate and discuss the response/viewpoint of others, including writers inspired by your chosen author.

i Tus investigaciones

When studying your chosen author and work, you should consider:

■ the genre of the work, for example (auto-)biography? romantic/regional/historical novel?

■ its value as popular entertainment

■ its value as comment on history/politics/social issues

■ does it present any particular picture of the region in which it is set? If you have been there, do you recognise it in the work?

■ style (e.g. narrative technique) and characterisation.

■ La obra de un(a) novelista latinoamericano/a

Isabel Allende (1942–)

La más popular novelista iberoamericana, Isabel Allende Llona ha vendido más de 51 millones de ejemplares; su trabajo ha sido traducido a más de 27 idiomas. Nació en 1942 en Lima, Perú, donde su padre era embajador de Chile. Luego vivió en Chile hasta 1953. Se casó en 1962, y tuvo dos niños. Trabajó varios años en la ONU en Santiago de Chile, y pasó mucho tiempo en Europa. En 1973 se produjo el golpe encabezado por el dictador Pinochet. Horrorizada por la dictadura, en 1975 Isabel se autoexilió a Venezuela. Allí permaneció 13 años trabajando como periodista y profesora.

Su carrera como escritora empezó con dos cuentos infantiles y con varias obras de teatro; también trabajó en la televisión chilena. En 1982 publicó *La casa de los espíritus*, su primera novela, y la más conocida. En 1984, publicó *De amor y de sombra*, también muy popular. En 1988, votó en el plebiscito que hizo dimitir al dictador Pinochet. En 1990, con el retorno de la democracia en Chile, recibió un premio literario del nuevo presidente. Tras la muerte de su hija Paula, Allende publicó *Paula* (1994), en forma de carta dirigida a su hija enferma, recordando sus años de niñez y de exilio.

Muchas de las obras de Allende tienen como fondo el régimen cruel e injusto de Pinochet, describiendo situaciones de conflicto político. Se demuestra claramente en sus novelas su preocupación por la gente pobre y oprimida que lucha por la justicia. Pero no se trata de novelas abiertamente políticas, sino que al seguir las aventuras fascinantes de los protagonistas, el lector se identifica con ellos, experimentando la misma sensación de indignación por la violencia e injusticia. Efectivamente es la sobrina de Salvador Allende, ex-presidente chileno. Naturalmente, este parentesco ha tenido cierta influencia en sus obras y las ideas que expresan.

Actualmente reside en California y ha sido distinguida en la Academia de Artes y Letras de Estados Unidos. Entre muchas otras obras, escribió *El Zorro: Comienza la leyenda*, biografía ficticia de los orígenes del héroe, precuela a la historia original y con referencias a la película de 1998.

Isabel Allende
El Zorro
Comienza la leyenda
PLAZA [Ⓝ] JANES

1 Estas frases resumen el texto; ponlas en el orden correcto.

a A Allende le importa mucho la justicia y la igualdad.

b El nuevo gobierno democrático reconoció el mérito de Isabel.

c Ha escrito obras de varios géneros distintos.

d Isabel Allende es una escritora muy popular.

e Isabel no quiso seguir viviendo bajo la dictadura.

f Sus conexiones familiares influyeron bastante en los temas de sus obras.

g Una de sus obras recuerda a un miembro de su familia que murió muy joven.

h Vivió en varios países.

2 Escoge dos o tres novelistas españoles o hispánicos para estudiar. Para cada uno/a tienes que identificar, estudiar y presentar los elementos claves de su obra. Ofrecemos tres ejemplos, pero si prefieres, puedes escoger a otro/a novelista.

José Luis Olaizola
- efecto de la guerra sobre relaciones familiares
- responsabilidad y conciencia del individuo
- caracterización
- temas políticos

Laura Esquivel
- temas sociales
- tradición contra la libertad individual
- estructura/estilo
- papel de la mujer

Gabriel García Márquez
- temas sociales/políticos
- relaciones familiares
- responsabilidad y honor
- estilo narrativo/realismo mágico

Estrategias

Describing a writer's work

To describe a writer's work effectively you need to:

■ have the skills and language to discuss a literary topic, i.e. vocabulary and phrases to talk about structure, style, etc.

■ know and use phrases relevant to the themes of a particular author/work(s)

■ avoid narrating the story in detail, but use elements and brief extracts to support your response/evaluation.

---

3 🎧 Isabel Allende, ¿es la mejor novelista de nuestros tiempos? Escucha la entrevista con una joven estudiante que un día quiere ser escritora famosa. Luego contesta a las preguntas.

a   ¿Cuál es el objetivo principal del curso que estudia Marisa?

b   ¿Qué hicieron en la clase de la semana pasada?

c   ¿Qué van a estudiar la semana que viene?

d   ¿Cómo tienen los estudiantes que prepararse para cada clase?

e   ¿Qué emoción experimenta Marisa antes de leer delante de la clase lo que ha escrito?

f   ¿Cuál es el efecto del curso?

g   ¿Cómo se sabe que Isabel Allende ha tenido mucho éxito como autora?

h   A Marisa, ¿por qué le gusta tanto Isabel Allende?

i   Según Marisa, ¿es Isabel Allende una autora muy politizada?

j   Marisa compara Allende con una obra de un autor inglés. ¿Qué autor inglés?, y ¿qué obra?

4 Prepárate para hablar de Isabel Allende o del/de la novelista que tú quieres estudiar. Tienes que …

- … describir las influencias que les afectaron.

- … en el contexto de una obra específica, explicar con detalles cómo son típicos de ese/a autor(a) las ideas, expresiones e influencias que se ven en la obra.

- … tomar en cuenta los elementos de escribir una novela que se mencionan en la entrevista sobre Isabel Allende.

5 📝 ¡Concurso televisivo!

Inventa una serie de preguntas y respuestas, en forma de concurso televisivo, sobre Isabel Allende u otro/a novelista.

- Escribe tus preguntas, incluyendo los elementos importantes de la entrevista sobre Isabel Allende.

- Prepara las respuestas correctas.

- Grábalas en forma de concurso televisivo; tu compañero/a puede ser el/la entrevistador(a) y tú el concursante. El/la entrevistador(a) tiene que hacerte las preguntas al azar; ¡tienes que contestarlas de memoria!

Tus investigaciones

When studying your chosen Spanish/Hispanic author, you should consider the following points:

■ if you have chosen one work, consider it in the context of the author's work as a whole: does he/she stick with the same themes/styles, etc., or does this work develop/experiment in different directions?

■ what international recognition has this author/this work gained, e.g. sales, reputation, literary awards, studied in schools or universities, etc.?

■ has the author's work been made into (a) film(s); if not, could it be considered cinematic? Why/why not?

■ aspects of the novel/author which might inspire a reader or student to become a writer.

Webquest

Para ti, ¿cuáles son los elementos que (no) te gustan en la obra de Laura Esquivel, por ejemplo *Como agua para chocolate*?

La obra de un(a) dramaturgo/a o un(a) poeta de un país hispanoparlante

España tiene una tradición larga y distinguida de teatro y poesía, dos elementos de la vida cultural que, desde la época romana, es muy prolífica. Estos géneros tienen el objetivo de entretener, educar e interesar al lector o al público del teatro: siempre han sido populares en España, país avanzado en lo que se refiere a cultura. La poesía y el teatro de España recibieron una gran influencia, única en Europa, de la cultura árabe, y a la gran variedad de influencias en España hay que añadir la dimensión hispanoamericana, con su amplia gama de culturas indígenas. Los muchos temas y estilos reflejan la magnitud de la población hispanohablante. Cuando uno considera la poesía hispánica y el teatro hispánico, no es de sorprender que entre sus dramaturgos y poetas figuren algunos de los mejores y más conocidos del mundo. Bueno, pues, ¡tienes un número fenomenal de posibilidades entre los cuales elegir a un poeta o dramaturgo para estudiarlo!

La obra de un(a) dramaturgo/a o un(a) poeta español(a)

Federico García Lorca (1898–1936)

Lorca nació en 1898 en Fuente Vaqueros, cerca de Granada, en una familia relativamente próspera. Fue su madre, maestra de escuela, quien fomentó el gusto literario a su hijo. Desde joven, a Federico le gustaban las canciones populares, y le encantaba leer autores clásicos; publicó su primer libro de poemas a la edad de diez años. Estudió Derecho en la universidad de Granada, graduándose como abogado, pero nunca ejerció la profesión, prefiriendo su vocación literaria.

Además de los grandes escritores, como el dramaturgo Lope de Vega, el novelista Galdós y el poeta Antonio Machado, le influyeron varios personajes a quienes conoció durante sus años en la Residencia de Estudiantes, Madrid (1918–1928), como el poeta Rafael Alberti, el cineasta Luis Buñuel y el artista Salvador Dalí. Ahora sus temas reflejaban sus preocupaciones por los que sufrían discriminación e injusticia: en 1928 publicó *Romancero gitano*, y en 1930, tras una estancia en Nueva York, describe el sufrimiento de los negros en *Poeta en Nueva York*. Con la Segunda República (a partir de 1931), Lorca fue codirector de la compañía estatal de teatro 'La Barraca', cuya

misión era llevar al pueblo las obras clásicas del teatro español. Viajando con La Barraca, escribió sus propias creaciones dramáticas, como *Bodas de sangre* (1933), *Yerma* (1934) y *Doña Rosita la soltera*. Luego en 1936 presentó por primera vez *La casa de Bernarda Alba*, que con *Yerma* y *Bodas de sangre*, completa la trilogía de tragedias que exploran la situación de la mujer en la sociedad machista que era España.

Pero con el estallido de la Guerra Civil, sus ideas republicanas, sus críticas de la clase media y de la Guardia Civil y su homosexualidad hicieron de Lorca víctima de asesinos nacionalistas. El 18 de agosto de 1936, murió fusilado en un camino cerca de Granada, mártir de la causa republicana. Lorca es quizás la figura más influyente y famosa de la literatura española del siglo 20.

1 Apunta tres datos para cada uno de los siguientes titulares.

a Sus estudios.

b Las influencias literarias.

c ¿Cuáles de sus obras poéticas se mencionan?

d ¿Cuáles de sus obras dramáticas se mencionan?

e Los grupos marginados que figuran en sus obras.

f La Barraca.

g Cómo Lorca enfadó a los nacionalistas.

h Su muerte.

2 Escoge un(a) poeta o dramaturgo/a para estudiar, enfocando tus investigaciones sobre los siguientes elementos.

- vida
- educación e influencias
- intereses políticos (si los tiene)
- la evolución de su obra
- temas importantes
- ideología política (si la tiene)
- impacto que tuvo durante su vida
- patrimonio artístico y/o político

3 🎧 Federico García Lorca, el enigma

a Primera parte: Habla Sofía, estudiante de literatura. Escucha a Sofía y resume lo que dice sobre:

   i ... por qué Lorca es su héroe

   ii ... su familia y la de Lorca

   iii ... por qué Lorca se identificaba con los desfavorecidos

   iv ... lo que le gusta más en la poesía de Lorca

   v ... el simbolismo que usa

   vi ... los personajes en sus obras de teatro

   vii ... por qué Lorca comprendía bien a las mujeres

   viii ... por qué fue asesinado

b Segunda parte: Habla don José, abogado franquista jubilado. Escucha a don José y resume lo que dice sobre:

   i ... en qué trabajó para el gobierno de Franco

   ii ... lo que pensaba entonces sobre la muerte de Lorca

   iii ... lo que piensa ahora de esta ejecución y por qué

   iv ... las obras de Lorca

   v ... la influencia y fama de Lorca

4 Prepárate para hablar sobre la obra del/de la poeta o dramaturgo/a que has escogido, mencionando:

- argumento y personajes (si has elegido un(a) dramaturgo/a)
- estilo
- temas
- elementos típicos de una obra, y la manera en que esta obra representa lo típico del/de la poeta/dramaturgo/a
- influencias reveladas
- influencia en la sociedad/en otros autores

5 📹 Evaluación literaria: graba tus respuestas a las preguntas de esta entrevista. Si has elegido un(a) poeta, no necesitas contestar a las primeras dos preguntas.

- Si has elegido un(a) dramaturgo/a, ¿cuál es el argumento de la obra que estudias(te)?
- Si has elegido un(a) dramaturgo/a, di cuáles son los personajes más importantes, y si te identificas con alguno de ellos.
- ¿Qué temas nos presenta el/la poeta o el/la dramaturgo/a?
- ¿Qué ideas inspiraron la obra? / ¿Qué ideas se exponen en la obra?

- ¿Cuáles son los rasgos estilísticos más importantes de la obra?
- En esta obra, ¿cuáles son los elementos típicos del autor?
- ¿Qué influencias revela?
- ¿Qué influencia ha tenido este autor sobre la sociedad y sobre otros dramaturgos/poetas?

◑ Estrategias

Analysing/responding to poetry and plays

To describe your response to poetry or plays you will need to:

▪ learn and use appropriate terminology (e.g. *se trata de*)

▪ express your personal response, for example to characters or language style

▪ discuss abstract themes/ ideas/influences

▪ sum up the playwright's or poet's importance to writing and society.

𝑖 Tus investigaciones

When studying your chosen poet or dramatist and their work, you should consider:

▪ how/why does the work entertain? inspire? move? educate?

▪ what is the social/political/ ideological context of the work?

▪ how does the writer use symbolism or other writing techniques to reinforce his/her message?

▪ the setting and plot (drama only)

▪ characterisation (drama only): how do characters interact? What/whom do they represent? Realistic or caricature?

▪ is the work timeless or does it seem dated?

■ La obra de un(a) dramaturgo/a o un(a) poeta latinoamericano/a

1 Haz frases completas eligiendo el fin más adecuado para cada una. Tienes que apuntar la letra apropiada, como en el ejemplo. ¡Cuidado! Sobran fines.

Ejemplo: _____

Pablo Neruda nació en ... vi

Pablo Neruda (1904– 1973)

Pablo Neruda nació en Chile en 1904, y publicó su primer libro de poemas a la edad de diecinueve años; en 1924, apareció su colección *Veinte poemas de amor y una canción desesperada* y pronto fue un bestseller en el mundo hispánico. Entre sus casi cuarenta colecciones de poemas, están *Alturas de Machu Picchu* (1944; describe la ciudad perdida de los incas, que visitó en los años cuarenta), y *Cien sonetos de amor* (1959, dedicado a las amadas de su vida). Ganador del Premio Nobel de Literatura en 1971, siguió escribiendo poesía hasta su muerte en 1973. Neruda fue y sigue siendo uno de los poetas más influyentes de la poesía hispana, inspirando a Lorca, Rafael Alberti y Miguel Hernández a quienes conoció durante sus estancias en España y Buenos Aires.

Pero, ¿cómo era el hombre? Pues, habiendo estudiado para ser profesor de francés, en 1927 empezó una larga carrera en la diplomacia, al principio en varios países de Extremo Oriente, luego en Argentina, Madrid y París, donde fue Embajador chileno durante unos años antes de morir. ¡Evidentemente era un hombre con muchos talentos!

En cuanto a actividades políticas, como miembro del Partido Comunista de Chile fue elegido senador chileno en 1945; pero, cuando llegó al poder el presidente conservador González Videla, el partido comunista fue prohibido. Perseguido por haber escrito una crítica muy fuerte del presidente, Neruda tuvo que esconderse, luego huyó clandestinamente a Argentina, cruzando los Andes a caballo. Desde allí fue a Europa; su exilio figura en la hermosa película italiana *Il Postino*. Durante la época marxista fue candidato comunista a la presidencia en 1970. Con el golpe de estado del General Pinochet el 11 de septiembre de 1973, Neruda se encontraba hospitalizado, sufriendo de un cáncer. El 23 de septiembre, murió de un fallo cardíaco; ¿quién sabe si fue resultado de la pena de ver lo que pasaba en Chile?

Aunque Pinochet se había negado a otorgar un tributo público, miles de chilenos se pusieron de luto y, violando el toque de queda, llenaron las calles. Así, los funerales de Pablo Neruda constituyeron la primera manifestación en contra de la dictadura chilena.

a Publicó su primer libro ...

b *Alturas de Machu Picchu* describe la ciudad de ...

c Neruda influyó a ...

d Trabajó durante muchos años ...

e Fue perseguido por ...

f El personaje de Neruda como exiliado aparece en ...

g Poco después del golpe, murió de ...

h Los chilenos quisieron mostrar su respeto a pesar de ...

Los fines:

i ... como diplomático.

ii ... el presidente de Chile.

iii ... un corazón roto.

iv ... cuando tenía menos de veinte años.

v ... una película.

vi ... Chile.

vii ... muchos poetas.

viii ... como profesor de francés.

ix ... los incas.

x ... Buenos Aires.

xi ... la prohibición de las protestas públicas.

xii ... un infarto.

2 Escoge otro poeta/dramaturgo. Escribe una apreciación de su vida y obra, utilizando algunos de los siguientes elementos:

- orígenes y vida
- educación
- intereses e influencias literarias
- ideología política (si la tiene)
- influencias recibidas de otros (poetas) nacionales y extranjeros
- obras dramáticas o poéticas
- ideas expresadas
- impacto/fama/popularidad que tuvo durante su vida y después
- influencia sobre otros dramaturgos/poetas nacionales/extranjeros
- patrimonio artístico

3 🔊 ¿Cómo dicen …? Completa estas frases según lo que oyes en las grabaciones.

a El estudiante dice que su poeta favorito es …

b Lo primero que le atrajo a Neruda fueron …

c Algunos poemas son … para los que empiezan a leer poesía.

d Su poesía representa al ser humano que busca …

e Neruda es prueba de que la poesía es simplemente …

f El marido de la señora chilena le leía …

g En su opinión, Pablo Neruda fue un hombre …

h El cartero de la película quería …

i Muchos jóvenes han recitado los poemas de amor …

j La mujer del chiste cree que el verdadero poeta fue …

4 Escribe un monólogo en que alguien habla de la obra de tu poeta/dramaturgo; si prefieres, puede referirse a una obra específica. El monólogo tiene que mencionar:

- influencias importantes
- sus elementos principales
- por qué lo encuentras interesante/de buena calidad/significativo
- cómo refleja la socieded en la que fue escrito

5 Elige una obra dramática o poética. Describe tus reacciones personales a esta obra. Aquí tienes unos asuntos para considerar.

- ¿Cuáles son sus temas e ideas principales? ¿Te identificas con estos temas e ideas? ¿Tienen valor universal?
- ¿Cuáles son los rasgos estilísticos de la obra que te parecen más impresionantes?
- ¿Cómo reaccionaste al leer esta obra? ¿Qué emociones experimentaste al leerla?
- ¿Por qué la recomendarías a otros?

🔄 Estrategias

Techniques for writing an essay about poems or plays

To write a successful essay about poetry or plays you will need to:

■ describe clearly and briefly plot, style, characterisation, etc.

■ use quotations and extracts appropriately

■ state and explain your views about what is typical of the work

■ use relevant technical language to describe how the writer achieves his/her objectives.

📑 Tus investigaciones

When studying your chosen Spanish/Hispanic poet or dramatist, consider the following points:

▨ which genre/school/new trend does the poet/dramatist's work belong to?

▨ does it reflect aspects of a specific region/country?

▨ does the dramatist/poet aim to entertain? inspire? satirise? protest?

▨ does the work have popular appeal/any universal message?

▨ is the work well known internationally? What influence has it had on other poets/dramatists, nationally and internationally?

▨ (Dramatist only) are any famous directors/actors associated with this work? Has it been made into a film? shown on TV?

📑 Webquest

La obra poética de Antonio Machado, ¿por qué (no) te gustó? Explica tus razones.

E. La obra de un(a) artista de un país hispanoparlante

Con este tópico, puedes elegir entre un(a) pintor(a)/escultor(a), un(a) arquitecto/a, un(a) músico/a o compositor(a) o un(a) cineasta. En cuanto a creatividad en estos campos, España tiene una gran riqueza. Además, el país se benefició – únicamente en Europa – de la influencia árabe. Siendo un país muy visual, con su luz, sus colores, y sus paisajes, es muy rico en artes visuales: arquitectos como Gaudí y Santiago Calatrava, y artistas como Velázquez, El Greco, Goya, Picasso y Dalí tienen fama mundial. Además, España tiene fuertes tradiciones musicales, con variedades regionales ... entre los compositores importantes están Falla, Rodrigo, Albéniz, Granados. España también ha tenido una sucesión de cineastas famosos, tales como Buñuel, Saura y, claro, Almodóvar.

¡Luego está Hispanoamérica! Las culturas indígenas han contribuido con una dimensión importante, además han influido en la cultura española. En varios países hispanoamericanos, el cine es muy importante, y hoy el héroe del cine latino más conocido es el mexicano Guillermo del Toro.

Ya ves que la elección es tremenda. Y con internet, puedes contemplar obras de arte y arquitectura, escuchar música ... bueno, ¡te toca elegir!

La obra de un pintor

Salvador Dalí (1904–1989)

Salvador Dalí es una figura clave del arte del siglo 20. Su fama internacional se debe en parte a su reputación como gran excéntrico, pero, ¿a qué se debe esto, y tiene mérito su arte?

Nació en 1904 en Figueras. Tres años antes, sus padres habían perdido a su primer hijo que murió, a los siete años, de meningitis, y al nacer su segundo hijo, le dieron el nombre del primero – Salvador. Por estas circunstancias, la niñez del futuro artista fue bastante anormal, lo que le hizo sufrir una crisis de identidad más o menos permanente.

De joven, Dalí estudió y se mezcló con otros grandes exponentes de los movimientos artísticos del siglo veinte, como Lorca, Picasso y Buñuel en España, y otros en el extranjero. Fue figura clave de los movimientos cubista, dada y surrealista. Dalí usaba técnicas estupendas – no sólo en sus obras surrealistas más estrambóticas, tales como 'La persistencia de la memoria' (en el que unos relojes blandos simbolizan la elasticidad del tiempo), sino también en obras más convencionales, tales como el 'Cristo de San Juan de la Cruz'. Hizo diseños para el cine, el teatro, muebles y otros artefactos.

Además de recibir la influencia de sus contemporáneos y de tener una influencia en ellos (notablemente Picasso y Miró) y en otros artistas que le siguieron (por ejemplo Andy Warhol), también les mostró cómo aprovecharse de los medios de comunicación de masas. Sabía crear su propia publicidad, contribuyendo a su propia fama y a su reputación de excéntrico. Igualmente, su vida personal fue poco normal; en 1929 se enamoró de Gala (la esposa de su amigo, el poeta francés Paul Eluard), y más tarde se casó con ella. Dependió de ella como su compañera constante, y fue la inspiración de su obra hasta su muerte en 1989.

1 Completa cada frase con la expresión que mejor convenga de las opciones que se ofrecen en la casilla.

a 'Salvador' fue el nombre de su …

b Dalí estudió con varias …

c Dalí era famoso por su …

d Varios cuadros suyos son buenos ejemplos de sus …

e En otros cuadros se observa su …

f Aparte de sus propias obras artísticas, hizo diseños en otros …

g Dalí supo explotar los …

h Salvador Dalí creó su propia …

i Se enamoró de la esposa de su …

j Dalí dependió hasta su muerte de su …

gran amigo	hermano mayor	excentricidad	habilidades artísticas	géneros artísticos
compañera constante	grandes figuras artísticas	surrealismo	medios de comunicación de masas	celebridad

2 Investigación de un(a) artista. Tienes que elegir a o b para investigar y estudiar.

a Los principales aspectos (como los de arriba sobre Dalí) de la vida y trabajo de otro/a artista, por ejemplo Picasso, Goya, Velázquez, Miró, Juan Rivera, Frida Kahlo, considerando los siguientes elementos:

- orígenes
- formación
- influencias recibidas
- 'escuelas'
- obras famosas
- importancia de la obra del/de la artista durante su vida y después

b Una obra famosa de Dalí, considerando los siguientes elementos:

- inspiración/ideas
- técnica
- impacto
- cómo/por qué es típica de la obra de Dalí y su importancia
- tu propia reacción

3 🎧 Apunta lo que dice el crítico de arte acerca de:

a Lo que piensa de la contribución de Dalí al arte en general.

b Sus primeras impresiones de Dalí.

c Sus dos visitas a la exposición de obras de Dalí.

d Cómo Dalí representaba el espíritu del siglo veinte.

e El impacto de Dalí en la percepción del arte moderno.

f Sus pinturas favoritas de Dalí.

g Los artefactos de Dalí.

h El trabajo de Dalí en el cine.

4 Prepárate para hablar sobre la obra del/de la artista, mencionando:

- el contexto de su trabajo e influencias recibidas
- en qué sentido este/a artista es innovador(a)
- impacto sobre su sociedad/en el mundo artístico
- cómo la(s) recibió el público
- cómo la(s) recibieron los críticos
- tu reacción y tus opiniones personales sobre la obra de este/a artista

5 Elige: tienes que preparar la presentación a o la conversación b.

a Vas a dar una presentación a un grupo de estudiantes que van a visitar una exposición de unas obras de tu artista elegido/a. Debes introducirles a la obra. (¡También debes elegir las obras de la exposición!)

b Vas a hacer una conversación con un compañero de clase en la que adoptáis reacciones opuestas sobre el/la artista o una obra suya. Podéis usar las ideas de la tarea 4, o podéis contestar a las preguntas grabadas si preferís hacerlo individualmente.

■ La obra de un cineasta

La obra de Guillermo del Toro (1964–)

Del Toro empezó a filmar desde joven, y trabajó durante años en diseño de maquillaje. Formó su propia compañía y produjo su primera película a la edad de 21 años. En 1998 su padre fue secuestrado en México; después de pagar el rescate, Guillermo decidió ir a vivir al extranjero. Ahora vive en Los Angeles.

Ha dirigido varios tipos de películas, incluso versiones fílmicas de cómics (*Hellboy* y *Blade II*). Se le conoce mejor por sus películas de terror y fantasía histórica, de las cuales dos se sitúan en España durante la Guerra Civil y los primeros años del régimen de Franco, temas que le fascinaban. *El espinazo del diablo*, *El laberinto del fauno*, y *El orfanato* (de la cual fue productor) recibieron mucha aprobación crítica. Tienen varios elementos en común: niños como protagonistas, temas de terror y fantasía, y la vida bajo un régimen fascista.

Los aspectos más significativos del trabajo de Guillermo del Toro son sus escenarios espectaculares, simbolismo, y ambientes de terror, magia o fantasía. Le gusta usar insectos y otros elementos de la naturaleza, tales como la mariposa del *Laberinto*. Se ve, a través de sus películas, su fascinación por los cuentos de hadas y los temas oscuros; en sus películas a menudo aparecen monstruos y criaturas fantásticas. Él mismo dijo 'estoy enamorado de los monstruos. Quiero saber cómo funcionan y cómo se comportan'.

Del Toro y sus colaboradores, Alfonso Cuarón (productor de *Y tu mamá también* y de las películas de Harry Potter) y Alejandro González Iñárritu, fueron nominados a los Oscars de 2006. Del Toro y Cuarón recibieron seis nominaciones por *El laberinto del fauno*, incluyendo Mejor Película de Lengua Extranjera, e Iñárritu fue nominado por *Babel*. Evidentemente, estos tres mexicanos se influyen e inspiran mutuamente. Proyectos más recientes incluyen un videojuego y la película *El Hobbit* basada en la novela de Tolkien.

1 Rellena los espacios con la palabra o expresión que mejor convenga. ¡Cuidado, sobran sugerencias!

cuentos de hadas · protagonistas · produce · criaturas fantásticas · influyen · dirigir · inspira · fantasía histórica · aprobación crítica · terror, magia o fantasía · nominados · colaborado

Del Toro se conoce por sus películas de (1) _____: *El espinazo del diablo*, *El laberinto del fauno*, y *El orfanato* recibieron mucha (2) _____ . En todos estos filmes, los (3) _____ son niños. Sus películas tienen ambientes de (4) _____ . Le fascinan los (5) _____ . Sus películas presentan varias (6) _____ . Del Toro ha (7) _____ con Cuarón y González Iñárritu, y todos han sido (8) _____ a los Oscars; cada uno (9) _____ a los otros. Más recientemente, del Toro se centra en (10) _____, una película basada en una novela de Tolkien.

2 Elige a o b.

a Escoge una o dos películas de Guillermo del Toro, y considera los siguientes elementos.
- técnicas
- lo típico del trabajo de Guillermo del Toro
- su originalidad
- tus reacciones y opiniones ante la(s) película(s)

b Escoge un(a) cineasta para estudiar, enfocando tus investigaciones sobre los siguientes elementos. Puedes escoger entre Luis Buñuel, Carlos Saura, Bigas Luna, Pedro Almodóvar.
- cómo entró en el mundo del cine, su experiencia
- sus películas
- la evolución de su obra
- temas importantes
- el impacto que tuvo durante su vida, por ejemplo honores, premios

3 a 🔊 Tres estudiantes hablan de su cineasta favorito, Guillermo del Toro. Escucha la conversación y decide, según lo que oyes, si las siguientes frases son verdaderas (V), falsas (F) o no mencionadas (N).

i *El laberinto del fauno* fue inspirado por los cuentos de hadas.

ii A del Toro no le gusta la oscuridad.

iii Del Toro leyó a Tolkien antes de ver la película *El señor de los anillos*.

iv Al hacer *Blade II,* del Toro pudo experimentar con sus ideas como cineasta.

v Del Toro sólo fue influido por Hitchcock.

vi No ve por qué debería apoyar a nuevos cineastas.

vii Del Toro encontró varias ideas para sus películas en la Guerra Civil española.

viii Antes de la Guerra Civil, muchos republicanos buscaron refugio en México.

ix En *El laberinto del fauno*, del Toro quiere mostrar su prejuicio a favor de los republicanos.

x Guillermo del Toro desprecia las guerras.

b Corrige las frases falsas.

4 Prepárate para hablar de Guillermo del Toro o del/de la cineasta que has escogido, mencionando:

- influencias recibidas dentro de México/España, o desde fuera (por ejemplo, Tolkien)
- impacto/influencia sobre la sociedad hispánica o mundial
- proyectos para el futuro
- uso de actores favoritos
- temas, técnicas, efectos visuales preferidos
- contexto histórico/nacional/regional/social
- uso de historias tradicionales/clásicas, o si el director escribe sus propios guiones

5 🖎 Elige un(a) cineasta hispánico/a que te gusta. Contesta a las preguntas de esta entrevista, describiendo tus reacciones personales a este/a cineasta.

- ¿Cuáles son sus temas e ideas principales?
- Los temas de su obra, ¿tienen interés para todo el mundo? ¿Por qué (no)?
- ¿Cuáles son los elementos visuales característicos de su obra?
- ¿Cómo reaccionaste al ver su(s) película(s)? ¿Qué emociones experimentaste?
- ¿Es tu director favorito? ¿Por qué (no)?
- ¿Por qué y cómo recomendarías este director a otros?

🔑 Estrategias

Developing and using a wider vocabulary

To write and speak about artists of any sort and their work you will need to develop your vocabulary to be able to:

■ describe, define, explain and exemplify

■ use relevant technical terms, for example to refer to styles and techniques.

You should therefore learn key Spanish words and phrases thoroughly when you come across them in your study or research.

i Tus investigaciones

When studying your chosen Spanish/Hispanic film director, consider the following points:

■ how does this director fit into any trend/school?

■ how does (s)he contribute to the film genre?

■ how is (s)he original?

■ can the work of a director really have an influence on society? If so, what?

■ does this director's work show that film is more 'international' than other genres (e.g. novels)?

■ what do you like about his/her work and why (mention aspects of film/technique/casting, etc.)?

i Webquest

Te van a exiliar a una isla desierta, y sólo puedes llevar contigo una obra elegida entre las siguientes categorías:

■ un cuadro de tu artista preferido

■ una película de tu director(a) favorito/a

■ un CD de música de un(a) compositor(a) que te guste

■ la maqueta de un edificio diseñado por un arquitecto/a a quien admiras

¿Cuál será, y por qué?

Gramática

1 Nouns and articles

2 Adjectives and adverbs

3 Pronouns

4 Verbs

5 Prepositions

1 Nouns and articles

1.1 Gender of nouns

Masculine noun endings

Nouns ending in -*o* are masculine, with a few exceptions such as:

la foto, la mano, la moto, la radio, la modelo

Most nouns ending in -*e* are masculine, but there are some exceptions:

la calle, la carne, la clase, la frase, la gente, la leche, la llave, la muerte, la noche, la parte, la sangre, la suerte, la tarde

Other common masculine noun endings are:

-i, -l, -r, -u

Feminine noun endings

Almost all nouns ending in -*a* are feminine. However, most words ending in -*ma* are masculine (*eg. el problema, el programa, el tema*), in addition to the following examples:

el día, el mapa, el planeta

Other common feminine noun endings are:

-ión (except *el avión*), *-dad*, *-tad*, *-tud*, *-dez*, *-ed*, *-ie* (except *el pie*), *-iz* (except *el lápiz*), *-sis* (except *el análisis, el énfasis, el paréntesis*), *-umbre*.

1.2 Plural forms of nouns

Most nouns end in an unstressed vowel, and these just add -*s* for the plural.

Nouns ending in a consonant add -*es*.

Los presentadores no respetan a los concursantes.
The presenters don't respect the competitors.

Words whose last syllable is unstressed and ends in -s, do not change in the plural:

*Los **lunes** hay tres **autobuses** para Sevilla.*
On Mondays there are three buses to Seville.

1.3 Definite and indefinite articles

The definite article (*el*, *la*, *los*, *las*)

Use a definite article when the noun refers to a specific object or phenomenon …

*Me duele **la** cabeza.*
My head hurts.

***La** televisión es una herramienta educativa.*
Television is an educational resource.

… or to a general group:

***Los** niños ven programas que fomentan la agresividad.*
Children watch programmes that provoke agression.

***Los** domingos   on Sundays*

You also need the definite article to give the time:

*a **las** 13.00 horas*
at 1 o'clock

Leave the article out before a country …

'Telebasura' es un término despectivo usado en España.
'Telebasura' is a pejorative term used in Spain.

… unless the country is qualified (described) by a phrase or an adjective:

***La** Espana del siglo XXI*
21st-century Spain

The indefinite article (*un*, *una*, *unos*, *unas*)

Leave the article out before nouns of occupation or nationality.

Mi padre es electricista.
My father's an electrician.

La presentadora es mejicana.
The presenter is Mexican.

In its plural form, *unos/unas* means 'some' but it is often not translated at all.

*La telebasura crea **unos** arquetipos indeseables.*
Junk TV creates (some) undesirable stereotypes.

The neuter article (*lo*)

Use *lo* with an adjective to form an abstract noun, 'the [adjective] thing'.

***Lo malo** es que emiten el programa muy tarde.*
The bad thing is they put the programme on very late.

***Lo fundamental** es navegar con prudencia.*
The main thing is to surf (the Internet) with caution.

The adjective after *lo* is always masculine and singular.

2 Adjectives and adverbs

2.1 Adjective agreement and position

Adjectives must agree in gender and number with their noun.

| el zapat**o** | la bot**a** | los zapat**os** | las bot**as** |
| rojo | negra | roj**os** | negr**as** |

Adjectives are normally placed after the noun, but there are some exceptions. The following adjectives are placed before the noun. They also lose their final -o when the following noun is masculine singular. Notice when an accent is needed to keep the stress on the correct syllable.

algún/alguno	alguna	algunos	algunas
mal/malo	mala	malos	malas
ningún/ninguno	ninguna	no plural form	
primer/primero	primera	primeros	primeras
tercer/tercero	tercera	terceros	terceras

*El **tercer** episodio fue mejor que el **primero**.*
The third episode was better than the first.

***Algunos** cantantes no tienen **ningún** talento.*
Some singers have no talent.

The adjective *grande* loses the final -de before a singular noun, masculine or feminine.

el gran hermano, una gran casa

2.2 Comparatives and superlatives

To form comparatives use ***más* + adjective/adverb**:

*Esta plancha es **más potente**.*
This iron is **more powerful**.

*Con ésta, planchas **más fácilmente**.*
With this one, you iron **more easily**.

To compare two things which are equal, use ***tan* + adjective/adverb + *como***:

*El zumo de naranja Todo Fruta es **tan natural como** el amanecer.*
Todo Fruta orange juice is **as natural as** the dawn.

*Cómete un Chocomuesli y correrás **tan rápido como** un jaguar.*
Eat a Chocomuesli and you'll run **as fast as** a jaguar.

Remember that some comparative forms are irregular:

bien	mejor
bueno	mejor (**más bueno** is sometimes used for 'better in character')
grande	mayor (**más grande** is sometimes used)
mal, malo	peor
mucho	más
pequeño	menor ('younger') más pequeño

To form superlatives, use the **definite article + *más* + adjective**:

*Éste es **el** coche **más increíble**.*
This is **the most incredible** car.

In Spanish there is also an absolute superlative (the most … of all), formed by removing the final vowel from an adjective and replacing it with the endings *-ísimo, -ísima, -ísimos, -ísimas*.

*Moda en el Corte Inglés – ¡**elegantísima**!*
Fashion in *Corte Inglés* – the height of elegance!

2.3 Demonstrative adjectives and pronouns

this		these	
este	esta	estos	estas

that (not very distant)		those (not very distant)	
ese	esa	esos	esas

that (more distant)		those (more distant)	
aquel	aquella	aquellos	aquellas

este cine, ese director, aquellas películas
this cinema, that director, those films

Like other adjectives, demonstrative adjectives must agree with the noun they describe.

***Este anuncio** es muy efectivo.*
This ad is very effective.

***Esa foto** no es interesante.*
That photo isn't interesting.

***Aquellos carteles** son más llamativos.*
Those posters are more striking.

These words are also used as **demonstrative pronouns**, that is as 'standalone' words representing a noun. When they are pronouns, they have an accent.

***Éste** es el mejor producto en el mercado.*
This is the best product on the market.

*No me gusta este vino, prefiero **ése**.*
I don't like this wine, I prefer **that one**.

*No compraría **aquéllos**.*
I wouldn't buy **those**.

2.4 Indefinite adjectives and pronouns

The indefinite pronouns *algo* and *alguien*

The pronouns *algo* (something) and *alguien* (someone) don't change their form.

Algo can be used on its own …

*Apuntaba **algo**.*
He was noting **something** down.

… or with an adjective, in which case it means 'quite', 'rather', or 'a bit' …

*Es **algo escandaloso**.*
It's **rather scandalous.**

… or with *de* + infinitive:

*¿Quieres **algo de comer**?*
Do you want **something to eat**?

Alguien can be used on its own …

*Busco a **alguien**.*
I'm looking for **someone**.

… or followed by *que* + a verb, in which case it requires the subjunctive (because there is some **doubt** as to whether the person exists [see 4.13]:

*Busco a **alguien que me respete**.*
I'm looking for **someone who respects me**.

The indefinite adjectives *algún/alguno/alguna/ algunos/algunas* and *ningún/ninguno/ninguna*

Alguno means 'some' and must agree with its noun. It drops the -o ending and gains an accent when it is placed before a masculine singular noun.

Algunas chicas, algún talento, algunos estudiantes
Some girls, some talent, some students

Ninguno means 'no, not any, none' and must agree with its noun. Like *alguno*, it drops the -o ending and gains an accent when it is placed before a masculine singular noun, but it has no plural forms, since its meaning is 'not one'.

Ninguna chica, ninguna idea, ningún estudiante
no/not one girl, no idea, no student(s)

[see also 2.1]

Mucho, poco, todo, tanto, otro, cualquier and *varios*

These are used as adjectives as well as pronouns.

They must agree with the noun they describe (when they are adjectives) or represent (when they are pronouns): *cualquier persona, poca gente*.

***Todos los niños** soltaban unas carcajadas.*
All the children were letting out guffaws.

*Un abrazo a **todos**, Paco.*
Love to **everyone**, Paco.

Tanto shortens to *tan* before adjectives.

*No hay **tantos** matrimonios civiles. No es **tan** importante.*
There are not **that many** civil partnerships. It's not **so** important.

Cada

Although *cada* is an adjective, it never changes.

Cada individual tiene su punto de vista.
Every individual has their point of view.

2.5 Possessive adjectives and pronouns

A **possessive adjective** must agree with its noun.

***Mi padre** ha tenido tres mujeres.*
My father has had three wives.

*Las relaciones con **mis hermanas** son excelentes.*
Relationships with **my sisters** are excellent.

*Es la mejor novelista de **nuestros tiempos**.*
She is the best novelist of **our times**.

Mi, mis, tu, tus, su, sus are the same for masculine and feminine.

Nuestro (our) and *vuestro* (your, 2nd person plural, familiar) have masculine and feminine forms in singular and plural:

singular		plural	
masculine	feminine	masculine	feminine
mi	mi	mis	mis
tu	tu	tus	tus
su	su	sus	sus
nuestro	nuestra	nuestros	nuestras
vuestro	vuestra	vuestros	vuestras
su	su	sus	sus

Possessive pronouns follow the noun or are freestanding.

The definite article is needed with possessive pronouns, except when the pronoun is introduced by the verb *ser*.

*Juan Ramón dice que **la suya** no es una familia genética sino de elección.*
Juan Ramón says that **his** is not a genetic family but one created by choice.

*Juan Ramón dice que Jorge no es **hijo suyo**.*
Juan Ramón says that Jorge is not **his son.**

Like possessive pronouns, possessive adjectives must agree (with the noun they represent), but the pronouns all have masculine and feminine forms in singular and plural.

singular		plural	
masculine	feminine	masculine	feminine
mío	mía	míos	mías
tuyo	tuya	tuyos	tuyas
suyo	suya	suyos	suyas
nuestro	nuestra	nuestros	nuestras
vuestro	vuestra	vuestros	vuestras
suyo	suya	suyos	suyas

2.6 Interrogatives

Here are the most common interrogative words. They do not change their form, except that they have an accent when used as interrogatives.

¿Cuándo ...?	When ...?
¿Dónde ...?	Where ...? (position)
¿Adónde ...?	Where to ...? (destination)
¿Cómo ...?	How ...?
¿Por qué ...?	Why ...?

– ¿Cuándo vuelves?
– When are you coming back?

– No sé cuando.
– I don't know when.

– ¿Por qué vas a la cama tan temprano?
– Why are you going to bed so early?

¿Cuánto ...?

¿Cuánto ...? does not change its form when it is a pronoun ...

¿**Cuánto** cuestan?
How much are they?

... but it must agree with its noun when it is an adjective:

¿**Cuántos años** tienes?
How old are you?

¿Qué ...? and ¿Cuál ...?/¿Cuáles ...?

To ask 'what ...?', use ¿qué ...?

¿**Qué** quieres?	**What** do you want?
¿**Qué** son los pronombres?	**What** are pronouns?

To ask 'which ...?', use ¿cuál ...?/¿cuáles ...? when you need a pronoun ...

¿**Cuál** de estas preguntas es más difícil?
Which (one) of these questions is harder?

¿**Cuáles** de todas sus canciones prefieres?
Which (ones) of all his tracks do you prefer?

... but use ¿qué ...? when you need an adjective:

¿**Qué respuesta** vas a elegir?
Which answer are you going to choose?

Although cuál has a plural form, qué never changes.

¿Quién ...?/¿Quiénes ...?

Like cuál, quién has a plural form.

Quién/quiénes can be used on their own or with prepositions.

¿**Quién** habla?
Who's speaking?

¿**Quiénes** son?
Who are they?

¿**A quién** viste en el bar?
Who(m) did you see in the bar?

¿**De quién** es este móvil?
Whose is this mobile?/**Whose** mobile is this?

Using interrogative words to make exclamations

The interrogative words cuánto, cómo and qué are used – with their accents in place – to make exclamations.

¡Cuánto me aburre!	How boring he is!
¡Cómo! ¡No es posible!	What! It's not possible!
¡Qué tonto!	How stupid!

2.7 Relative adjectives and pronouns

Relative pronouns are words such as 'who', 'which' and 'that', used to connect two parts of a sentence.

No teníamos familiares cerca **que** pudieran ayudarnos.
We didn't have family members nearby **who** could help us out.

The relative pronoun is often left out in English but not in Spanish:

Mi hijo escucha música **que** a mi no me gusta, y tiene amigos **a quienes** no aguanto.
My son listens to music (**that**) I don't like, and has friends (**whom**) I can't stand.

A preposition used with a relative pronoun cannot be separated from it, as happens in English:

Los problemas **de los cuales** hablaba son muy comunes.
The problems (**that**) he was talking **about** are very common.

Que is the most common of the relative pronouns. It is used

● as a subject pronoun:

México es un país **que** avanza rápidamente.
Mexico is a country **which** is advancing rapidly.

- as an object pronoun for things (not people):

*Le dejo elegir los programas **que** vemos.*
I let him choose the programmes (**that**) we watch.

The pronouns ***el que**, **la que**, **los que**, **las que*** are used after prepositions.

*La mujer **de la que** se enamoró*
The woman he fell in love with (= **with whom** he fell in love)

*El día **en el que** comenzó el curso*
The day (**that/on which**) the course started

Quien and its plural ***quienes*** are used after a preposition when referring to people, not things. They can replace *que*.

*Es ella **quien** tiene que planificarlo.*
It's she **who** has to plan it.

Cuyo, meaning 'whose', is an adjective. It agrees in number and gender with its noun.

*Trato de que no vuelva a salir con amigos **cuya** influencia puede ser mala.*
I try to stop him going out with friends **whose** influence could be a bad thing.

The neuter pronouns ***lo que/lo cual*** refer to a general idea or a whole phrase, rather than a specific noun.

*Puede comprar **lo que** quiera.*
He can buy **what** he wants.

2.8 Adverbs and adverbial phrases

In Spanish, adverbs are formed by adding the ending ***-mente*** to the feminine form of the adjective where there is one:

rápido	rápida	rápidamente
correcto	correcta	correctamente

When two '-*mente*' adverbs appear together, the first one loses the ending -*mente* but it remains in the feminine form.

*Hay que trabajar los músculos **correcta y periódicamente**.*
You have to exercise your muscles correctly and regularly.

Some common adverbs are irregular:

bien (well), *mal* (badly), *despacio* (slowly)

Some are words you already know but may not think of as adverbs; they are used as intensifiers and quantifiers, i.e. to show how strongly the adjective applies:

muy, más, mucho, poco, bastante, demasiado, tanto

Adverbs usually add detail to verbs …

*La mujer no **educó adecuadamente** a su hijo.*
The woman didn't **educate** her son **adequately**.

.. but they can also add detail to adjectives, specifying the intensity of the adjective.

*Fue un momento **particularmente importante**.*
It was an **especially important** time.

Adverbial expressions – phrases that work like adverbs – are at least as common as single-word adverbs. Here are two standard types:

- use ***con*** with the noun
  con frecuencia instead of *frecuentemente*
  con respeto instead of *respetuosamente*

- use ***de manera*** with a feminine adjective:
  de manera tímida, de manera teatral, de manera experta

Masculine singular adjectives are also sometimes used as adverbs:

*Hablan **rápido**.*	They talk **quickly**.
*Se venden **barato**.*	They are sold **cheap(ly)**.

Comparatives and superlatives of adverbs
[see 2.2 Comparatives and superlatives]

3 Pronouns

3.1 Subject pronouns

The subject pronouns are:

	singular		plural
I	yo	*we*	nosotros
you	tú	*you*	vosotros
he/it	él	*they (masculine or a mix of masc. +fem.)*	ellos
she/it	ella	*they (feminine)*	ellas
you (formal)	usted (Vd.)	*you (formal)*	ustedes (Vds.)

They are rarely used in Spanish except

- when they are needed for clarity:

  ***Ella** ya es estudiante, pero **él** ha dejado de estudiar.*
  She is still a student, but **he** has finished studying.

- for emphasis:

  *Yo estoy de acuerdo, pero ¿que opinas **tú**?*
  I agree, but what do **you** think?

  Usted is usually kept, simply for politeness.

  *¿Qué buscan **ustedes**?*   What are you looking for?

3.2 Object pronouns

Direct object pronouns

The direct object pronouns are:

singular		plural	
I	me	*we*	nos
you	te	*you*	os
he/it	lo (le)	*they (masculine or a mix of masc. + fem.)*	los (les)
she/it	la	*they (feminine)*	las
you (formal)	lo (le), la	*you (formal)*	los (les), las

- In Spanish the words for **him/her** or **it** are *lo* (masculine) and *la* (feminine)

- In some areas of Spain, *le* is used instead of *lo* for **male people only**.

- *La* is **always** used for **female people** and **feminine nouns**.

- Remember to use the same pronouns for ***usted*** and ***ustedes*** as you would use for the third person.

Position of direct object pronouns

Direct object pronouns usually come in front of the verb:

*Ya **lo** oigo.*
I can hear him/it.

***Le** llamaré esta tarde, señor.*
I'll call you this afternoon, sir.

*¿**Me** escuchas?*
Are you listening to me?

*¡No **me** estás escuchando!*
You aren't listening to me!

*Ya **te** oigo.*
I can hear you now.

*Nunca **nos** llaman.*
They never call us.

***Os** llamaré pasado mañana.*
I'll call you the day after tomorrow.

However, when they are used with a gerund (e.g. in a continuous tense) or an infinitive, they can be tacked on to the end:

Las estamos escuchando or *Estamos escuchándo**las***
We are listening to them.

*No puedo hacer**lo** en seguida.*
I can't do it immediately.

*No quiero escuchar**te**.*
I don't want to listen to you.

In positive commands, they have to be tacked on to the end, which usually means that an accent is needed on the verb to keep the stress in the right place:

*¡Míra**me**!*
Watch me!

*Me encanta esta canción. ¡Escúcha**la**!*
I love this track. Listen to it!

But in negative commands, they stay in their usual position, in front of the verb:

*¡No **lo** escuches!*   Don't listen to it!

*¡No **la** escuches!*   Don't listen to her!

When there is more than one verb, the object pronoun can go before the first verb or be tacked on to the second one, but **it never goes in the middle**!

***La** están mirando* or *Están mirándo**la**.*
They are watching it/her.

Indirect object pronouns

First and second person indirect object pronouns (to me, to you, to us) are *me, te, nos* and *os*, the same as the direct object pronouns.

The third person indirect object pronouns (to him, to her, to them, to you (*usted*)) are *le* (for both masculine and feminine singular) and *les* (for all plurals).

The rules for position of indirect object pronouns are the same as for direct object pronouns.

*¿**Me** pasas este CD?*
Will you pass **(to) me** that CD?

***Te** daré diez euros.*
I'll give **(to) you** ten euros.

***Le** devolverán su álbum pronto.*
They'll soon return his album **to him**.

***Le** digo que usted no puede entrar sin entrada, señor.*
I tell **(to) you**, you can't go in without a ticket, sir.

*Por favor, mánde**nos** un emilio.*
Please send **(to) us** an e-mail.

*Señoras, voy a ofrecer**les** un CD como premio.*
Ladies, I am going to offer **(to) you** a CD as a prize.

*Salió sin decir**les** gracias.*
He left without saying thank you **to them**.

Word order of pronouns when you need both indirect and direct

If two or more object pronouns occur together, the indirect object pronoun always comes before the direct object pronoun, whereas in English the order can vary.

Te los mandaré mañana.
I'll send **you them** tomorrow.

Os las damos en seguida.
We'll give **you them** straight away.

Me lo explicó ayer.
She explained **it to me** yesterday.

If *le* or *les* is followed by another 3rd person object pronoun (e.g. *lo, las*), the *le* or *les* changes to *se*. This is purely to avoid the clumsy sound of too many words beginning with *l-* coming one after another. Where this happens, you need to use the context to work out who 'se' represents.

¿Se lo mandaste?
Did you send **it to him/her/them**?

*Voy a devolvér***selas** *en seguida, señora.*
I'll **give them back to you** straight away, *madam*.

*¡Dá***selos** *en seguida!*
Give **them to him/her/them** immediately!

3.3 Disjunctive (or emphatic) pronouns

The disjunctive pronouns are:

singular	plural
mí	nosotros
ti	vosotros
él	ellos
ella	ellas
usted (Vd.)	ustedes (Vds.)

They are identical to the subject pronouns, except for *mí* and *ti* (*mí* has an accent simply to distinguish it from the possessive adjective *mi*).

These pronouns are used after prepositions (e.g. *por, para, de, en, a*):

*Para **ti**, ¿cuáles serían las ventajas de vivir aquí?*
For **you**, what would be the advantages of living here?

*A **mí** me gusta más navegar en internet que leer.*
I prefer surfing the Internet to reading.

*No quiero hablar de **ella**.*
I don't want to talk about **her**.

Conmigo, contigo, consigo

After *con* special forms of the 1st, 2nd and 3rd person singular are tacked on to make *conmigo, contigo, consigo*.

*¿Quieres venir al cibercafé **conmigo**?*
Do you want to come to the Internet café **with me**?

*Llevó el paraguas **consigo** porque iba a llover.*
He took the umbrella **with him** because it was going to rain.

*¿**Contigo**? ¿Estás loco?*
With you? Are you kidding?

Not all prepositions require disjunctive pronouns. The prepositions *entre, según, excepto, menos* and *salvo* are followed by subject pronouns:

*Según **tú**, nadie menos **yo** vio aquel mensaje.*
According to you, no one but me saw that message.

Demonstrative pronouns

[see 2.3 Demonstrative adjectives and pronouns]

Indefinite pronouns

[see 2.4 Indefinite adjectives and pronouns]

Possessive pronouns

[see 2.5 Possessive adjectives and pronouns]

Interrogative pronouns

[see 2.6 Interrogative adjectives and pronouns]

Relative pronouns

[see 2.7 Relative adjectives and pronouns]

Reflexive pronouns

[see 4.18 Reflexive verbs]

4 Verbs

4.1 The present tense

Usage

The Spanish present tense has the same usage as the English present tense, to express what is happening at the present time, and what happens regularly.

¿Qué haces cuando te pones triste? Llamo a mis amigos.
What do you do when you feel unhappy? I ring my friends.

Siempre voy al centro deportivo los sábados por la mañana.
I always go to the sports centre on Saturday mornings.

It can also be used to talk in a more lively way in a narrative, for example when you describe the plot of a film.

La mujer corta con su novio, se enrolla con otro hombre, pero no se da cuenta de que es una persona peligrosa …
The woman breaks off with her boyfriend, and gets involved with another man, but she doesn't realise he's a dangerous person …

As in English, the present tense is also used to refer to something planned for the near future.

Mañana salgo con mis amigos.
Tomorrow I'm going out with my friends.

Formation of regular verbs

Add the following endings to the stem of the verb:

hablar	comer	vivir
hablo	como	vivo
hablas	comes	vives
habla	come	vive
hablamos	comemos	vivimos
habláis	coméis	vivís
hablan	comen	viven

Formation of irregular verbs

Some verbs are irregular in the present tense, but often it is only the 1st person singular that is irregular. The most common irregulars are:

dar   **doy**, das, da, damos, dais, dan
decir   **digo**, **dices**, **dice**, decimos, decís, **dicen**
estar   **estoy**, estás, está, estamos, estáis, están
haber   **he**, **has**, **ha**, **hemos**, habéis, **han**
hacer   **hago**, haces, hace, hacemos, hacéis, hacen
ir   **voy, vas, va, vamos, vais, van**
oír   **oigo, oyes, oye**, oímos, oís, **oyen**
poner   **pongo**, pones, pone, ponemos, ponéis, ponen
saber   **sé**, sabes, sabe, sabemos, sabéis, saben
salir   **salgo**, sales, sale, salimos, salís, salen
ser   **soy, eres, es, somos, sois, son**
tener   **tengo, tienes, tiene**, tenemos, tenéis, **tienen**
venir   **vengo, vienes, viene**, venimos, venís, **vienen**
ver   **veo**, ves, ve, vemos, veis, ven

Note: Remember that some verbs change their spelling in the present tense, according to certain set patterns, for example *qu**ie**ro, j**ue**go, pref**ie**ro.*

[See 4.17 Radical-changing verbs.]

4.2 The present continuous tense and the gerund

Usage

The present continuous tense is the Spanish equivalent of the English form 'I am/you are/he is, etc., ...-ing'.

¿Qué estás leyendo? Estoy leyendo El País.
What are you reading? I'm reading *El País*.

Formation of regular verbs

Use the appropriate part of the present of *estar* with the gerund (the part of the verb which is equivalent to English '-ing').

The gerund is formed as follows:

-*ar* verbs   >   -*ando*
-*er/-ir* verbs >   -*iendo*

Here are examples for each person of the verb:

estoy cantando   I am singing
estás escuchando   you are listening
está tocando   he/she is playing
estamos bailando   we are dancing
estáis comiendo   you are eating
están bebiendo   they are drinking

Formation of irregular verbs

A few verbs have slightly irregular gerunds:

caer   cayendo
creer   creyendo
dormir   durmiendo
leer   leyendo
oír   oyendo
preferir   prefiriendo

[see also imperfect continuous in 4.4]

4.3 The preterite tense

Usage

The preterite tense in Spanish is very similar to the English 'simple past' tense, using just one word to describe a single, completed action. So you need it for narrative accounts and reports of past events, and also to refer to single events in the past.

*El partido **acabó** a las once.*
The match **finished** at 11 o'clock.

*¿Cómo **reaccionaste** al ver su película?*
How **did you react** when you saw his film?

Formation of regular verbs

With most Spanish verbs the stem for the preterite is like the stem for the present.

Add the following endings to the stem of the verb. The endings for -*er* and -*ir* verbs are the same.

hablar	comer	subir
hablé	comí	subí
hablaste	comiste	subiste
habló	comió	subió
hablamos	comimos	subimos
hablasteis	comisteis	subisteis
hablaron	comieron	subieron

Formation of irregular verbs

Many common and some less common Spanish verbs are irregular in the preterite, for example *ser* and *estar*, *conducir*, *dar*, *decir*, *hacer*, *ir*, *poder*, *poner*, *querer*, *tener*, *traer*, *venir* and *ver*.

	ser	ir
The verbs *ser* and *ir* have the same form in the preterite; you have to use the context to work out which verb is being used!	fui fuiste fue fuimos fuisteis fueron	fui fuiste fue fuimos fuisteis fueron

	tener	estar	andar
Here are three more verbs whose form is quite similar.	tuve tuviste tuvo tuvimos tuvisteis tuvieron	estuve estuviste estuvo estuvimos estuvisteis estuvieron	anduve anduviste anduvo anduvimos anduvisteis anduvieron

	decir	traer	conducir
These three verbs have a 'j' in their preterite.	dije dijiste dijo dijimos dijisteis dijeron	traje trajiste trajo trajimos trajisteis trajeron	conduje condujiste condujo condujimos condujisteis condujeron

You will also need to know the preterite forms of the following verbs. They are all irregular, but they have patterns in common which make them a bit easier to learn. None of them has any accents.

dar	hacer	poder	poner
di	hice	pude	puse
diste	hiciste	pudiste	pusiste
dio	hizo	pudo	puso
dimos	hicimos	pudimos	pusimos
disteis	hicisteis	pudisteis	pusisteis
dieron	hicieron	pudieron	pusieron

querer	venir	ver
quise	vine	vi
quisiste	viniste	viste
quiso	vino	vio
quisimos	vinimos	vimos
quisisteis	vinisteis	visteis
quisieron	vinieron	vieron

Compound verbs based on those listed above have the same irregular patterns as the verbs on which they are based.

hacer	poner	tener	traer	venir	conducir
deshacer satisfacer	componer disponer exponer imponer proponer suponer	contener detener mantener obtener sostener	atraer contraer distraer sustraer	convenir intervenir	introducir producir

Note: The preterite of **hay** (there is, there are) is **hubo**, but because the preterite is used for **events**, not for ongoing **situations** or **descriptions**, when you want to say 'there was/there were' you are more likely to need the imperfect form **había**.

4.4 The imperfect tense and the imperfect continuous

Usage

The imperfect tense is used:

- to describe what something was like in the past (descriptions):

  *El cine **era** viejo.*
  The cinema **was** old.

- to say what someone or something used to do (habitual or repeated actions):

  *Le **encantaba** leer autores clásicos.*
  He used to love reading classical authors.

- to describe an ongoing action in the past, for example an action that was interrupted by something else that happened:

  Trabajaba [imperfect] *cuando llamó* [preterite].
  I **was working** when he called.

Formation of regular verbs

Add the following endings to the stem of the verb. The endings for *-er* and *-ir* verbs are the same.

hablar	comer	vivir
hablaba	comía	vivía
hablabas	comías	vivías
hablaba	comía	vivía
hablábamos	comíamos	vivíamos
hablabais	comíais	vivíais
hablaban	comían	vivían

Formation of irregular verbs

Three common verbs are irregular in the imperfect tense, though the endings are similar to those of regular verbs.

ser	ir	ver
era	iba	veía
eras	ibas	veías
era	iba	veía
éramos	íbamos	veíamos
erais	ibais	veíais
eran	iban	veían

Imperfect continuous

If you want to describe an 'ongoing action' more vividly, use the imperfect continuous, formed from the imperfect of *estar*, plus the gerund (the form of the verb ending in *-ando* or *-iendo*).

Estaba viendo *un DVD cuando llegó mi novia.*
I was watching a DVD when my girlfriend arrived.

4.5 The perfect tense

Usage

As in English the perfect tense describes a single, completed action in the immediate past, one which has just or recently happened, or which is still relevant to the ongoing situation.

*¡***Has oído** *su nuevo CD?*
Have you heard their new CD?

Estoy de mal humor porque mi profesor **me ha castigado.**
I'm in a bad mood because my teacher **(has) told me off**.

Formation

The perfect tense is made up of two parts:

the **present** tense of the auxiliary verb **haber**	+	the past participle.
he		
has		
ha		
hemos		
habéis		
han		

Remember that although *haber* means 'to have' it is **only used as an auxiliary**, i.e. to form compound tenses such as the perfect. It **never** means 'to have' in the sense of possession (for which *tener* is used).

Formation of regular past participles

Regular past participles are formed as follows:

-ar verbs	-er and -ir verbs
-ado Example: escuchado	-ido Example: salido

NB Past participles do not change in Spanish.

Esta región **ha cambiado** *mucho.*
This region **has changed** a lot.

Formation of irregular past participles

Some Spanish verbs have irregular past participles. As you can see from this list of the most common ones, groups of them follow the same patterns, which makes them easier to learn:

infinitive	past participle
abrir, cubrir, descubrir	abierto, cubierto, descubierto
decir, hacer, satisfacer	dicho, hecho, satisfecho
volver, devolver	vuelto, devuelto
escribir, describir	escrito, descrito
morir, poner, ver	muerto, puesto, visto

Note that reflexive pronouns and object pronouns always go before the part of *haber*.

Se ha acostado. He has gone to bed.
No lo hemos visto. We haven't seen him.

Using *acabar de* + infinitive to translate 'to have just' done something

If you want to express 'I have just [+verb]', don't use the perfect tense in Spanish: instead, use the verb *acabar* in the **present tense** followed by *de* + infinitive.

Acabo de comprar *este CD.*
I have just bought this CD.

4.6 The pluperfect tense

Usage

As in English, the pluperfect is a compound tense used to talk about what 'had' happened.

Europa **había acordado** *incrementar el uso de biocombustibles.*
Europe **had agreed** to increase the use of biofuels.

Formation

The pluperfect tense is made up of two parts:

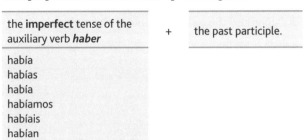

the **imperfect** tense of the auxiliary verb **haber**	+	the past participle.
había había habías había habíamos habíais habían		

[see The perfect tense 4.5 for information on past participles]

As in the perfect tense, reflexive pronouns and object pronouns always go before the part of *haber*.

Se había acostado
No lo habíamos visto.

He had gone to bed.
We hadn't seen him.

4.7 The immediate future tense

Usage

Use the immediate future to talk about the near future: things that 'are going to' happen.

Vamos a ver una película en mi ordenador portátil.
We're going to watch a film on my laptop.

Formation

The tense is made up of three parts:

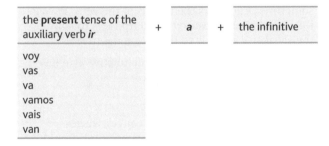

the **present** tense of the auxiliary verb *ir*	+	*a*	+	the infinitive
voy vas va vamos vais van				

4.8 The future tense

Usage

Use the future tense to make predictions and statements about the future.

El ordenador será un coordinador de terminales cuyo elemento esencial será el teléfono móvil.
The computer **will be** a coordinating point whose main element **will be** the mobile phone.

When the future tense is used, the tone is more formal than with the immediate future.

El nuevo X-phone se lanzará al mercado en agosto.
The new X-phone will be launched in August.

[see also 4.12 on how to refer to the future in expressions with *cuando*]

Formation of regular verbs

Most verbs have a regular future tense. The endings are added to the infinitive, and are the same for all three conjugations. Notice where the accents are:

hablar	**comer**	**subir**
hablar**é**	comer**é**	subir**é**
hablar**ás**	comer**ás**	subir**ás**
hablar**á**	comer**á**	subir**á**
hablar**emos**	comer**emos**	subir**emos**
hablar**éis**	comer**éis**	subir**éis**
hablar**án**	comer**án**	subir**án**

Formation of irregular verbs

A few verbs have an irregular future stem, so you need to learn these:

decir	dir- :	diré, dirás, dirá, diremos, diréis, dirán
hacer	har- :	haré, harás, etc.
poder	podr-	
poner	pondr-	
querer	querr-	
saber	sabr-	
salir	saldr-	
tener	tendr-	
venir	vendr-	
caber	cabr-	
valer	valdr-	

4.9 The conditional tense

Usage: would, could, should

Use the conditional tense to talk about:

- what **would happen**/how something **would be**

  Me gustaría ponerme en forma.
  I **would like** to get fit.

  Sería mejor ir a pie.
  It **would be** better to go on foot.

- what someone said **would happen**

  Dijeron que llegarían a las dos.
  They said they **would arrive** at two.

- what you **would do** (if …)

  Si estuviera en forma, recorrería el Camino Inca hasta Machu Picchu.
  If I were fit, **I would go on** the Inca Trail to Machu Picchu.

The conditional of *deber* is used with an infinitive to talk about what someone **ought to/should do**.

*El gobierno **debería invertir** más en instalaciones deportivas.*
The government **should invest** more in sports facilities.

The conditional of *poder* is used with an infinitive to talk about what someone **could do**.

***Podríamos viajar** más barato en el tren.*
We **could travel** more cheaply by train.

Formation

Start with the future tense stem, and add the conditional endings, which are the same for all three conjugations. They are the same endings that form the imperfect tense of *-er* and *-ir* verbs, and always have an accent on the *í*:

hablar	comer	subir
hablaría	comería	subiría
hablarías	comerías	subirías
hablaría	comería	subiría
hablaríamos	comeríamos	subiríamos
hablaríais	comeríais	subiríais
hablarían	comerían	subirían

Because the conditional uses the same stem as the future tense, the irregulars are exactly the same as the future ones [see 4.8].

4.10 The future perfect tense

The future perfect tense tells you what will have happened.

Se calcula que las reservas se habrán agotado en un futuro no muy lejos.
It's estimated that reserves will have run out in the not too distant future.

It is formed from the future of *haber* and the past participle.

habré llegado
habrás llegado
habrá llegado
habremos llegado
habréis llegado
habrán llegado

Remember that some common verbs have irregular past participles (see section 4.5).

4.11 The conditional perfect tense

Use the conditional perfect tense to talk about consequences in a past conditional sentence: it translates as the English 'would have (done)'.

*Si lo hubiese visto, lo **habría creído**.*
If I had seen it, I **would have believed** it.

The conditional perfect is formed with the conditional of *haber* and the past participle of the verb:

habría llegado
habrías llegado
habría llegado
habríamos llegado
habríais llegado
habrían llegado

Remember that some common verbs have irregular past participles, for example: *decir – dicho, hacer – hecho, poner – puesto, romper – roto, ver – visto, volver – vuelto* (see section 4.5).

Using the conditional perfect tense with the pluperfect subjunctive

The **conditional perfect** tense often appears in a '*si*' ('if') sentence with the pluperfect subjunctive (see section 4.15).

*Si no **hubiese sido** por la llegada a España de más de tres millones de inmigrantes en los últimos diez años, la economía de ese país no **habría crecido** tanto.*

If it **had not been** for the arrival in Spain of more than three million immigrants in the last ten years, the economy of this country **would not have grown** so much.

4.12 The subjunctive 'mood' and when to use it

The subjunctive and indicative parts of the verb are sometimes known as the **moods** of the verb. We use the term 'mood' because their purpose is to convey the speaker's attitude to the action described.

Like the indicative mood, the subjunctive also has past and present tenses [see 4.13–4.15].

When to use the subjunctive

- after verbal expressions that convey wishes, advice and requests that someone (else) should do something, such as *querer que, pedir que, aconsejar que, decir que*.

  ***Quiere que** su marido le **llame**.*
  She wants her husband to ring her.

  *El entrenador le **aconsejó que corriera** 10 kilómetros cada día.*
  His trainer advised him to run 10 kilometres every day.

  *Voy a **pedir** a mis amigos **que** me **ayuden**.*
  I'm going to ask my friends to help me.

  *Voy a **decir** a mi hermana **que vuelva** en seguida.*
  I'm going to tell my sister to come back immediately.

after verbal expressions that convey joy, hope, sorrow, anger, fear and other emotional reactions, such as *querer que, es una pena que, me gusta que, lo siento que, es lástima que*:

Lo siento que tu mamá esté enferma.
I'm sorry your mum is ill.

Tengo miedo de que me ataquen.
I'm scared that they will attack me.

after verbal expressions that convey doubt, uncertainty, possibility, probability and necessity, such as *es posible que, es probable que, es necesario que, puede (ser) que, quizá, tal vez, dudo que, es imposible que, no es cierto que, no estoy seguro de que*:

Dudo que hablen español.
I doubt that they speak Spanish.

Es imposible que nos acompañes.
It's impossible for you to come with us.

Es probable que haya salido.
She has probably gone out. (It's probable that she has gone out.)

… but the subjunctive is not used for affirmative ways of expressing negative opinions (where no doubt is implied):

Es innegable que la inmigración es un tema muy importante.
It is undeniable that immigration is an important subject.

In some impersonal expressions of surprise or wishing:

¡Ojalá sea menos difícil!
If only it were easier!

¡Que tengas éxito!
May you succeed!/I wish you success!

after conjunctions that imply intention that something should happen, or conditions for something happening: *para que, de manera que, de modo que, de forma que, con el objeto de que, a fin de que, a condición de que, a menos que, antes de que, con tal que, a pesar de que, aunque*

Te escribo para que sepas lo que pasa.
I'm writing so that you know what's going on.

Te presto este CD a condición de que me lo devuelvas sábado.
I'm lending you this CD on condition that you return it on Saturday.

No voy a menos que me acompañes.
I'm not going unless you come with me.

After *cuando* or *hasta que* when you are referring to the future:

Te lo diré cuando te vea.
I'll tell you when I see you.

Esperamos hasta que lleguen.
We're waiting till they arrive.

After *alguien que* … [see 2.4]

In some forms of the imperative [see 4.16]

4.13 The present subjunctive

Usage
[see 4.12]

Formation of regular verbs
Take the *yo* form of the present tense of the verb and replace the -*o* ending with the following endings (the endings for -*er* and -*ir* verbs are the same):

hablar: hablo	comer: como	subir: subo
hable	coma	suba
hables	comas	subas
hable	coma	suba
hablemos	comamos	subamos
habléis	comáis	subáis
hablen	coman	suban

Formation of irregular verbs
So long as you remember to use the *yo* form of the present tense – including irregular forms such as *tengo* – as your stem, there are only a few truly irregular subjunctives to learn:

dar (1st person present *doy*): *dé, des, dé, demos, deis, den*

estar (1st person present *estoy*): *esté, estés, esté, estemos, estéis, estén*

haber (1st person present *he*): *haya, hayas, haya, hayamos, hayáis, hayan*

[note: you only need this to form the perfect subjunctive, see 4.15]

ir (1st person present *voy*): *vaya, vayas, vaya, vayamos, vayáis, vayan*

saber (1st person present *sé*): *sepa, sepas, sepa, sepamos, sepáis, sepan*

ser (1st person present *soy*): *sea, seas, sea, seamos, seáis, sean*

4.14 The imperfect subjunctive

Usage

You need the imperfect subjunctive in the grammatical contexts explained in 4.12, but in past tense sentences:

Era imposible que hablaras con él.
It was impossible for you to talk to him.

Le dije que no bebiera más.
I told him not to drink any more.

Querían que Antonio se fuera.
They wanted Antonio to go away.

Te escribí para que supieras lo que pasaba.
I wrote so that you would know what was going on.

Era necesario que saliéramos a trabajar.
It was necessary for us to go out to work.

Ella buscaba un hombre que tuviera mucho dinero.
She was looking for a man who had lots of money.

You also need the imperfect subjunctive in 'Si …' conditional sentences that express doubt or an event which is only a possibility:

*Si **fuera** rico, iría a España.*
If I were rich I would go to Spain.

*Si **me casara** con ella, me pondría loco.*
If I married her, I'd go crazy.

Formation

The imperfect subjunctive has two forms: one ending in -*ra*, the other in -*se*. They are completely interchangeable, but the -*ra* form is slightly more common than the -*se* form.

Ella esperaba a que el hombre se fuera.	*She was waiting for*
Ella esperaba a que el hombre se fuese.	*the man to go away.*

To form the imperfect subjunctive of a verb, you need to know its preterite form. The stem is always taken from the third person plural (ellos) of the preterite.

hablar: (hablaron) > habla-		beber: (bebieron) > bebie-		vivir: (vivieron) > vivie-	
-ra form	*-se* form	*-ra* form	*-se* form	*-ra* form	*-se* form
hablara	hablase	bebiera	bebiese	viviera	viviese
hablaras	hablases	bebieras	bebieses	vivieras	vivieses
hablara	hablase	bebiera	bebiese	viviera	viviese
habláramos	hablásemos	bebiéramos	bebiésemos	viviéramos	viviésemos
hablarais	hablaseis	bebierais	bebieseis	vivierais	vivieseis
hablaran	hablasen	bebieran	bebiesen	vivieran	viviesen

Formation of irregular verbs

As with regular verbs, the stem is always taken from the third person plural of the preterite, including whatever irregularity that may contain. Here are three of the most common examples:

tener: (tuvieron) > tuvi-	poder: (pudieron) > pudi-	decir: (dijeron) > dij-
tuviera/tuviese	pudiera/pudiese	dijera/dijese
tuvieras/tuvieses	pudieras/pudieses	dijeras/dijeses
tuviera/tuviese	pudiera/pudiese	dijera/dijese
tuviéramos/tuviésemos	pudiéramos/pudiésemos	dijéramos/dijésemos
tuvierais/tuvieseis	pudierais/pudieseis	dijerais/dijeseis
tuvieran/tuviesen	pudieran/pudiesen	dijeran/dijesen

4.15 The perfect and pluperfect subjunctive

Usage and formation

When you need the perfect and imperfect tenses in the grammatical contexts explained in 4.12, you use the subjunctive instead of the indicative.

The perfect subjunctive is formed as follows:

the **present subjunctive** of the auxiliary verb *haber*	+	the past participle

*Es probable que **haya** salido.*
It **is** likely that she **has** gone out.

The **pluperfect** subjunctive is formed as follows:

the **imperfect subjunctive** of the auxiliary verb *haber*	+	the past participle

*Era probable que **hubiese** salido.*
It **was** likely that she **had** gone out.

4.16 Imperatives

Usage

The imperative is used to give instructions and commands.

¡Escúchame!	*Listen to me!*
No arrojes basura.	*Don't drop litter.*

Imperatives are either **positive** (do …) or **negative** (don't …).

Imperatives are also either **informal** (*tú/vosotros* forms) or **formal** (*usted/ustedes* forms).

Formation of positive imperatives

Informal positive imperatives:

For *tú*, simply use the normal *tú* form of the present tense without the final -*s*.

For *vosotros*, replace the final *-r* of the infinitive, with *-d*.

	tú imperative	*vosotros* imperative
limitar	limita	limitad
proteger	protege	proteged
vivir	vive	vivid

*Hace mucho sol, Paco, **protege** tus ojos con estas gafas.*
It's very sunny, Paco, **protect** your eyes with these glasses.

*¡Niños, hace mucho frío, **poned** ropa que abriga!*
Children, it's freezing, **put** warm clothes on!

A few verbs have irregular *tú* positive imperatives and need to be learnt separately.

decir	di
hacer	haz
ir	ve
poner	pon

salir	sal
ser	sé
tener	ten
venir	ven

***Pon** ropa adecuada y **ven** a la playa.*
Put suitable clothes on and come to the beach.

Formal positive imperatives:

For *usted* and *ustedes*, use the third person of the present subjunctive.

	usted imperative	*ustedes* imperative
limitar	limite	limiten
proteger	proteja	protejan
vivir	viva	vivan

Formation of negative imperatives

For all negative imperatives, use the appropriate negative word plus the present subjunctive.

	tú negative imperative	*vosotros* negative imperative	*usted* negative imperative	*ustedes* negative imperative
limitar	no limites	no limitéis	no limite	no limiten
proteger	no protejas	no protejáis	no proteja	no protejan
vivir	no vivas	no viváis	no viva	no vivan

No escuches aquellas tonterías. [tú]
Don't listen to that rubbish.

Nunca bebáis bebidas alcohólicas antes de bañaros, chicos. [vosotros]
Never drink alcoholic drinks before you go swimming, boys.

No olviden sus maletas, señoras y señores. [ustedes]
Don't forget your suitcases, ladies and gentlemen.

[see also 3.2 Object pronouns for how to position pronouns in imperatives]

4.17 Radical-changing (stem-change) verbs

These are verbs which have a change in the spelling of their stem.

Compare the regular *-ar* verb *cantar* with the radical-changing *-ar* verb *encontrar* and *-er* verb *preferir*:

cantar	encontrar	preferir
canto	encuentro	prefiero
cantas	encuentras	prefieres
canta	encuentra	prefiere
cantamos	encontramos	preferimos
cantáis	encontráis	preferís
cantan	encuentran	prefieren

The stem (or 'radical') changes its spelling in all persons in the singular and in the 3rd person in the plural. In the 1st and 2nd persons plural it does not change. Verbs like these are sometimes called BOOT verbs – you can see why!

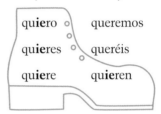

quiero — queremos
quieres — queréis
quiere — quieren

There are three types of spelling change.

O changes to UE: several verbs in all the conjugations have a change of stem from **o** to **ue**. *Poder* is an example; other common ones are *contar, mostrar, volver* and *dormir*. *Jugar* is unique in changing from **u** to **ue**.

*p**ue**do, p**ue**des, p**ue**de, podemos, podéis, p**ue**den*
*j**ue**go, j**ue**gas, j**ue**ga, jugamos, jugáis, j**ue**gan*

E changes to IE: several verbs in all the conjugations have a change of stem from **e** to **ie**. *Preferir* is an example; other common ones are *pensar, querer, sentir*.

*pref**ie**ro, pref**ie**res, pref**ie**re, preferimos, preferís, pref**ie**ren*

E changes to I: Some *-ir* verbs have a change of stem from **e** to **i**. *Pedir* (to ask for) is an example; other common ones are *decir* and *vestir*.

*p**i**do, p**i**des, p**i**de, pedimos, pedís, p**i**den*

When a verb is stem-changing, compound verbs based on that verb have the same change. For example:

*volver (dev**ue**lvo), sentir (cons**ie**nto), vestirse (me v**i**sto).*

4.18 Reflexive verbs

Reflexive verbs conjugate the same way as other verbs but also have a reflexive pronoun *me, te, se, nos, os, se*.

*Si **me organizo** bien, puedo tener una tarde libre.*
If I organize myself, I can have a free evening.

The reflexive pronoun usually precedes the verb …

*La gente **no se preocupa** de las emisiones de dióxido de carbono de su casa.*
People **don't worry** about the carbon dioxide emissions of their homes.

… although in the infinitive (and therefore in the dictionary) it is attached to the end: *organizar**se**, quejar**se***.

In compound tenses (e.g. the perfect), the reflexive pronoun always precedes the auxiliary verb **haber**.

*Nunca **me he planteado** hacer otra cosa.*
I've never considered doing anything else.

In verb + infinitive constructions where the infinitive verb is reflexive, the pronoun must agree with the subject of the first verb.

*Quiero acostar**me**.*   I want to go to bed.

When giving positive commands using reflexive verbs, the reflexive pronoun is attached to the end of the imperative:

*¡Cálla**te**!*   Be quiet!
*¡Cálme**se**, señora!*   Calm down, madam!

But when giving negative commands, the reflexive pronoun stays in its usual position, in front of the verb:

*No **te enfades**, por favor.*
Please **don't get annoyed**.

4.19 The passive and how to avoid it

Usage and formation

Passive expressions tell you what has happened to someone/something who is on the receiving end of an action or event. Here are some examples in English: I **was attacked**; that car **has been sold**; the building **had been closed**.

Passive forms are an impersonal way of saying what happened, instead of using an 'active' form. The 'active' equivalent of these three phrases, for example, would be: he/she/they/someone attacked me; they've sold that car; they had closed the building.

In Spanish, the passive is made up of *ser* + past participle, and the past participle must agree with the subject of the sentence.

*Isabel **fue robada** al salir de clase.*
Isabel **was robbed** as she was leaving the class.

However, this passive form is very rare in spoken Spanish, and is mainly limited to formal, written language. You should avoid using it in conversation and informal language, because it sounds very unnatural in Spanish. There are two very common and easy ways to avoid it.

- Use the pronoun *se* and the third person of the verb:

*En eBay **se vende** y **se compra** de todo.*
On eBay **people buy and sell** all sorts.

*En los sitios como YouTube o Flickr **se cuelgan** vídeos.*
Videos **are posted** on sites like YouTube or Flickr.

- Use an active form instead. For example, to say 'I was failed and had to repeat the year', say
Me suspendieron y tuve que repetir el año.
rather than
Fui suspendido y tuve que repetir el año.

4.20 Impersonal verbal constructions

Using *gustar* and other impersonal verbs

Verbs like *gustar* and *encantar* are 'back to front' expressions: if you say '*me gusta mucho esta película*', you are actually saying 'this film is very pleasing to me'. The film is the subject, and you are the object. The verb therefore needs to change to plural when the subject is plural.

*Me **encanta** la obra de Almodóvar.*
*Me **gustan** los guiones de sus películas.*

Singular verb for singular subject. Plural verb for plural subject.

You also need to include the appropriate indirect object pronouns to show who likes:

me, te, le, nos, os, les.

*¿**Te** gusta esa peli? Sí, **me** encanta.*
Do **you** like that film? Yes, **I** love it.

There are other verbs in Spanish that are used 'impersonally' and have no obvious equivalent in English. Using these verbs impersonally makes your Spanish more idiomatic and more stylish. Here are some common ones:

bastar   to be sufficient

Basta (con) decir que …
It's sufficient to say that …

Basta saber que …
It's enough to know that …

¡Basta ya! (de tonterías)
That's enough! (nonsense)

caber   to be contained, to fit

Cabe mencionar que …
It's appropriate to mention …

Cabe destacar que …
It should be pointed out that …

Cabe recordar que …
It's worth remembering that …

convenir   to be fitting, to be appropriate

Conviene campañar para proteger nuestro medio ambiente.
It's appropriate to campaign to protect our environment.

Convino sentenciar a aquel hacker a dar clases de informática.
It was fitting to sentence that hacker to giving IT classes.

escasear   to be in short supply

En el futuro el agua escaseará.
In the future there will be a shortage of water.

Escasea la infraestructura para recibir a tantos inmigrantes.
There's not enough infrastructure to cope with so many immigrants.

faltar   to be lacking

Faltan instalaciones adecuadas.
There aren't enough proper facilities.

Falta la determinación política.
The political will is lacking.

importar   to be important, to matter

No importa el estado físico de una persona.
A person's physical condition doesn't matter.

¿Le importa si me voy?
Do you mind if I go?

quedar   to be remaining

Queda mucho por hacer.
There remains a lot to be done.

Quedó paralítico después del accidente.
The accident left him paralysed.

El proyecto se quedó sin realizar.
The project was never carried out.

sobrar   to be left over, to be in excess

Ha sobrado mucha comida.
There is a lot of food left over.

Nos sobra tiempo.
We have plenty of time.

Este ejemplo sobra.
This example is unnecessary.

urgir   to be urgent, to be imperative

Nos urge cumplir con los objetivos de Kioto.
It's imperative that we comply with the Kyoto targets.

Urgen nuevas iniciativas para reducir la pobreza.
We urgently need new initiatives to reduce poverty.

valer   to be worth

No vale la pena.
It's not worth it.

Más vale no hacerlo.
It's better not to do it.

Juan no vale para el deporte.
Juan is no good at sport.

Using *se* with third person verb forms to make impersonal statements

The pronoun *se* and the third person of the verb are very often used for impersonal statements, i.e. when we don't state who is the subject of the verb [see also 4.19].

*En el mundo **se produce** alimento para millones de personas.*
Enough food **is produced** in the world for millions of people.

*No **se ve** más la publicidad para el tabaco.*
You don't see cigarette advertising any more./
Cigarette advertising **isn't seen** any more.

4.21 Verbs + infinitive constructions

There are many common verbs that can be used together with a second verb:

querer	poder	deber	tener que
necesitar	soler	permitir	odiar
detestar	gustar		

- The first verb is conjugated according to the subject of the sentence. The second verb is always in the **infinitive**:

  Quiero comprar *un periódico.*
  I **want to buy** a paper.

  Tenemos que hacer *educación física.*
  We **have to do** PE.

  *A mis padres **les gusta ver** la tele.*
  My parents **like watching** TV.

  Notice that although the present participle (jumping, playing) is often used in English in this construction, Spanish **always** uses the infinitive.

- There are also some common **impersonal** expressions which can be followed by the infinitive:

  Es importante
  Es necesario
  Es imprescindible
  Es preciso

Es vital/esencial
Es aconsejable/deseable
Es inaceptable
Es peligroso
Es fácil/difícil
Es útil
Es normal

Note: When any one of these expressions is followed by *que* + a different subject, the verb must be in the subjunctive, not an infinitive, e.g:

*Quiero **jugar** al bádminton,* but
*Quiero **que** José **juegue** al bádminton.*
I want **to play** badminton, but
I want **José to play** badminton.

*Es importante **cuidar** la salud,* but
*Es importante **que** (tú) **cuides** la salud.*
It's important **to look after** your/one's health, but
It's important **that you look after** your health.

[see also 4.12]

4.22 Negative constructions

To say you don't do something, simply put *no* in front of the verb.

***No** sé.*
I **don't** know.

The idea of 'any' in 'not any' is not translated; just use the negative.

***No** tengo dinero.*
I have **no** money. I **don't** have **any** money.

Because *no* in Spanish means 'no' and 'not', you often see and hear it twice at the beginning of a sentence.

***No, no** sé.*
No, I don't know.

Other negative expressions are used to express 'never', 'nothing', 'nobody', 'no …', 'neither … nor'. These are all used as 'double negatives', so *no* goes in front of the verb, and the other negative word goes after the verb.

no … nunca/jamás
never
(*nunca* is more common than *jamás*)

*Ella **no** ha ido **nunca** a Madrid.*
She has **never** been to Madrid.

no … nada
nothing/not anything

***No** tengo **nada**.*
I have **nothing**./I have**n't** got **anything**.

no … nadie
nobody/no one

***No** vio a **nadie**.*
He saw **no one**./ He **didn't** see **anyone**.

Note that you need personal *a* even in front of 'nobody' [see also 5.2].

no … ningún(o)/ninguna
no … /not any

***No** tengo **ningún** DVD.*
I have **no** DVD(s).

[see also 2.4]

no … ni … ni …
not … either … or/neither … nor …

***No** tengo **ni** tiempo **ni** dinero para ir al cine.*
I have **neither** time **nor** money to go to the cinema.

You can start a sentence with *Nada …, Nadie …* and *Nunca …,* but if you do, you don't need the *no*:

***Nunca** ha ido a Madrid.*
She has **never** been to Madrid.

*¡**Nada** tengo en mi cartera!*
I have **nothing** in my wallet!

***Nadie** fue a ver esa película.*
Nobody went to see that film.

Using *tampoco* to express 'neither'

Tampoco is used to express the idea of 'neither/either', especially after a negative:

***Tampoco me gusta** esta peli.*
Neither do I like this film./**I don't like** this film **either**.

– *No salimos hoy tarde.*
– *Nosotros tampoco.*

– We're not going out tonight.
– Neither are we.

Using *sino* to express 'not … but'

You need to use *sino* after a negative to express 'not … but':

***No** me gusta éste **sino** el otro.*
I **don't** like this one **but** (I like) the other one.

4.23 *Ser* and *estar*

Ser

On its own, *ser* describes **identity** or **existence**.

*¿Cuántos **sois**?*
How many of you **are** there?

*Buenos días, **soy** Marisa.*
Hello, **I'm** Marisa.

*¿**Eres** estudiante de moda?*
Are you a fashion student?

*Mi diseñador preferido **es** español.*
My favourite designer **is** Spanish.

We also use *ser*

- with a pronoun or noun:

  *Éste **es el anuncio** en que sale Dani Pedrosa.*
  This **is the advert** in which Dani Pedrosa appears.

  *Isabel Allende **es escritora**.*
  Isabel Allende **is a writer**.

- with adjectives of nationality:

  *Lionel Messi **es argentino**.*
  Lionel Messi **is Argentinian**.

- with an infinitive:

  *La meta de los publicitarios **es hacer** que un producto nos parezca atractivo.*
  The aim of advertising **is to make** products seem attractive to us.

- with a clause:

  *Un aspecto engañoso de aquella publicidad **es que no menciona** los riesgos.*

  One misleading aspect of that advertising **is that it does not mention** the risks.

- to talk about where an event takes place:

  *¿Dónde **serán** los Juegos Olímpicos de 2020?*
  Where **will** the 2020 Olympic Games **be**?

- with a past participle to form a passive [see 4.19]:

  *El torneo de fútbol **fue patrocinado** por varias empresas.*
  The football championship **was sponsored** by various companies.

- with an adjective that describes an unchanging attribute or an abstract idea:

  *Este anuncio **es divertido**. **Es genial**.*
  This advert **is funny**. **It's great**.

  *La publicidad imaginativa **es llamativa y efectiva**.*
  Imaginative advertising **is appealing and effective**.

Estar

On its own, *estar* denotes **location** or **presence**.

– *Hola, ¿**está** Juan?*
– *No, no **está**. Acaba de salir.*

– Hi, **is** Juan there?
– No, **he's** not here. He's just gone out.

We also use *estar*

- to describe position (except to say where events take place, see above):

  *Su foto **está en la portada** de la revista.*
  His photo **is on the cover** of the magazine.

- with a past participle to describe a state which is the result of an action:

  *La publicidad del tabaco **está prohibida** en la televisión.*
  Cigarette advertising on TV **is forbidden**.

- with a gerund to form continuous tenses:

  ***Estaban escuchando** música.*
  They **were listening** to music.

- with an adjective to describe a state which might change:

  ***Estábamos nerviosos** antes del examen.*
  We **were nervous** before the exam.

- with *bien* and *mal*:

  – *¿**Estás** bien?*
  – *No, **estoy** muy mal.*

  – **Are** you well?
  – No, **I'm not** at all well.

4.24 Using *desde* and *hace* in time expressions

To talk about an action or state which began in the past but is still in progress in the present, use

hace + time phrase + *que* + present tense:

***Hace seis años que vivo** en Barcelona.*
I've been living in Barcelona **for six years**.

You can express the same idea using **present tense + *desde* + *hace* + time phrase**:

***Vivo** en Barcelona **desde hace seis años**.*
I've been living in Barcelona **for six years**.

If the situation began and was still in progress **in the past**, use the **imperfect** instead of the present tense:

***Hacía seis años que vivía** en Barcelona.*
or
***Vivía** en Barcelona **desde hacía seis años**.*
I had been living in Barcelona **for six years**.

To say **how long ago** something happened in the past, use **preterite tense + *hace* + time phrase**:

*Marián y Asún **se conocieron hace cuatro años**.*
Marian and Asún **met four years ago**.

5 Prepositions

5.1 *Por* and *para*

As a general rule, *por* looks back to a cause or motive and *para* looks forward to a purpose, aim or destination.

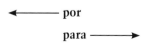

*La mayoría de los inmigrantes latinoamericanos emigran a España **por** la falta de alternativas.*

***Para** enfrentar lo desconocido, se necesita aprender a vivir en un gran mundo intercultural.*

Use *por*

for a cause or motive:
Por eso me voy.

on behalf of or in place of:
Habla también por todos los refugiados.

for duration of time:
por la mañana

for movement through:
Pasaron por varios países hasta llegar a la costa africana.

for an approximate place or time:
por unos meses

for a rate:
Trabajan por 50 euros al día.

for saying who did something:
Vamos a escuchar las memorias escritas por Rigoberta Menchú.

for means of doing something:
Se aprende mejor el vocabulario cuando se lo hace por escrito.

Use *para*

for purpose:
La mayoría de los inmigrantes van a otro país para buscar un nivel de vida mejor.

for destination:
El tren para Madrid sale a las siete y media.

for describing quantity or extent:
La pobreza es gravísima para muchos en África.

in time expressions:
Voy a ir a México para dos meses.

5.2 Personal *a*

You need to include a personal *a* before …

- human direct objects:

  Compare

  Conozco muy bien la ciudad.
  I know the city very well.

  with

  *Conozco muy bien **a María**.*
  I know **Maria** very well.

- pronouns representing a person:

  *He visto **a alguien** en el pasillo.*
  I saw **someone** in the corridor.

  *No conozco **a nadie** en este pueblo.*
  I don't know **anyone** in this town.

- known animals:

  *¿Quieres pasear **al perro**?*
  Do you want to take **the dog** for a walk?

  *Mi hermana busca **a su gato**.*
  My sister's looking for **her cat**.

- collective nouns referring to groups of people:

  *El presidente está ansioso por convencer **a la gente** que es sincero.*
  The president is anxious to convince **the people** that he is sincere.

  *Parecen estar usando **a los países menos desarrollados**.*
  They seem to be exploiting **less developed countries**.

Verb tables

		Present	Preterite	Imperfect	Future	Conditional	Subjunctive
Regular Verbs							
-er verbs	yo	como	comí	comía	comeré	comería	coma
comer	tú	comes	comiste	comías	comerás	comerías	comas
to eat	él/ella/usted	comes	comió	comía	comerá	comería	coma
	nosotros	comemos	comimos	comíamos	comeremos	comeríamos	comamos
	vosotros	coméis	comisteis	comíais	comeréis	comeríais	comáis
	ellos/ellas/ustedes	comen	comieron	comían	comerán	comerían	coman
-ar verbs	yo	hablo	hablé	hablaba	hablaré	hablaría	hable
hablar	tú	hablas	hablaste	hablabas	hablarás	hablarías	hables
to speak	él/ella/usted	habla	habló	hablaba	hablará	hablaría	hable
	nosotros	hablamos	hablamos	hablábamos	hablaremos	hablaríamos	hablemos
	vosotros	habláis	hablasteis	hablabais	hablaréis	hablaríais	habléis
	ellos/ellas/ustedes	hablan	hablaron	hablaban	hablarán	hablarían	hablen
-ir verbs	yo	vivo	viví	vivía	viviré	viviría	viva
vivir	tú	vives	viviste	vivías	vivirás	vivirías	vivas
to live	él/ella/usted	vive	vivió	vivía	vivirá	viviría	viva
	nosotros	vivimos	vivimos	vivíamos	viviremos	viviríamos	vivamos
	vosotros	vivís	vivisteis	vivíais	viviréis	viviríais	viváis
	ellos/ellas/ustedes	viven	vivieron	vivían	vivirán	vivirían	vivan
Radical-changing Verbs							
Group 1	yo	vuelvo	volví	volvía	volveré	volvería	vuelva
(o - ue)	tú	vuelves	volviste	volvías	volverás	volverías	vuelvas
volver	él/ella/usted	vuelve	volvió	volvía	volverá	volvería	vuelva
to return	nosotros	volvemos	volvimos	volvíamos	volveremos	volveríamos	volvamos
	vosotros	volvéis	volvisteis	volvíais	volveréis	volveríais	volváis
	ellos/ellas/ustedes	vuelven	volvieron	volvían	volverán	volverían	vuelvan
Group 2	yo	prefiero	preferí	prefería	preferiré	preferiría	prefiera
(e - ie)	tú	prefieres	preferiste	preferías	preferirás	preferirías	prefieras
preferir	él/ella/usted	prefiere	prefirió	prefería	preferirá	preferiría	prefiera
to prefer	nosotros	preferimos	preferimos	preferíamos	preferiremos	preferiríamos	prefiramos
	vosotros	preferís	preferisteis	preferíais	preferiréis	preferiríais	prefiráis
	ellos/ellas/ustedes	prefieren	prefirieron	preferían	preferirán	preferirían	prefieran
Group 3	yo	pido	pedí	pedía	pediré	pediría	pida
(e - i)	tú	pides	pediste	pedías	pedirás	pedirías	pidas
pedir	él/ella/usted	pide	pidió	pedía	pedirá	pediría	pida
to ask	nosotros	pedimos	pedimos	pedíamos	pediremos	pediríamos	pidamos
	vosotros	pedís	pedisteis	pedíais	pediréis	pediríais	pidáis
	ellos/ellas/ustedes	piden	pidieron	pedían	pedirán	pedirían	pidan
Irregular Verbs							
dar	yo	doy	di	daba	daré	daría	dé
to give	tú	das	diste	dabas	darás	darías	des
	él/ella/usted	da	dio	daba	dará	daría	dé
	nosotros	damos	dimos	dábamos	daremos	daríamos	demos
	vosotros	dais	disteis	dabais	daréis	daríais	deis
	ellos/ellas/ustedes	dan	dieron	daban	darán	darían	den
decir	yo	digo	dije	decía	diré	diría	diga
to say	tú	dices	dijiste	decías	dirás	dirías	digas
	él/ella/usted	dice	dijo	decía	dirá	diría	diga
	nosotros	decimos	dijimos	decíamos	diremos	diríamos	digamos
	vosotros	decís	dijisteis	decíais	diréis	diríais	digáis
	ellos/ellas/ustedes	dicen	dijeron	decían	dirán	dirían	digan

		Present	Preterite	Imperfect	Future	Conditional	Subjunctive
estar *to be*	yo	estoy	estuve	estaba	estaré	estaría	esté
	tú	estás	estuviste	estabas	estarás	estarías	estés
	él/ella/usted	está	estuvo	estaba	estará	estaría	esté
	nosotros	estamos	estuvimos	estábamos	estaremos	estaríamos	estemos
	vosotros	estáis	estuvisteis	estabais	estaréis	estaríais	estéis
	ellos/ellas/ustedes	están	estuvieron	estaban	estarán	estarían	estén
haber (auxiliary) *to have (+* *infinitive)*	yo	he	hube	había	habré	habría	haya
	tú	has	hubiste	habías	habrás	habrías	hayas
	él/ella/usted	ha	hubo	había	habrá	habría	haya
	nosotros	hemos	hubimos	habíamos	habremos	habríamos	hayamos
	vosotros	habéis	hubisteis	habíais	habréis	habríais	hayáis
	ellos/ellas/ustedes	han	hubieron	habían	habrán	habrían	hayan
hacer *to do*	yo	hago	hice	hacía	haré	haría	haga
	tú	haces	hiciste	hacías	harás	harías	hagas
	él/ella/usted	hace	hizo	hacía	hará	haría	haga
	nosotros	hacemos	hicimos	hacíamos	haremos	haríamos	hagamos
	vosotros	hacéis	hicisteis	hacíais	haréis	haríais	hagáis
	ellos/ellas/ustedes	hacen	hicieron	hacían	harán	harían	hagan
ir *to go*	yo	voy	fui	iba	iré	iría	vaya
	tú	vas	fuiste	ibas	irás	irías	vayas
	él/ella/usted	va	fue	iba	irá	iría	vaya
	nosotros	vamos	fuimos	íbamos	iremos	iríamos	vayamos
	vosotros	vais	fuisteis	ibais	iréis	iríais	vayáis
	ellos/ellas/ustedes	van	fueron	iban	irán	irían	vayan
poder *to be able*	yo	puedo	pude	podía	podré	podría	pueda
	tú	puedes	pudiste	podías	podrás	podrías	puedas
	él/ella/usted	puede	pudo	podía	podrá	podría	pueda
	nosotros	podemos	pudimos	podíamos	podremos	podríamos	podamos
	vosotros	podéis	pudisteis	podíais	podréis	podríais	podáis
	ellos/ellas/ustedes	pueden	pudieron	podían	podrán	podrían	puedan
poner *to put*	yo	pongo	puse	ponía	pondré	pondría	ponga
	tú	pones	pusiste	ponías	pondrás	pondrías	pongas
	él/ella/usted	pone	puso	ponía	pondrá	pondría	ponga
	nosotros	ponemos	pusimos	poníamos	pondremos	pondríamos	pongamos
	vosotros	ponéis	pusisteis	poníais	pondréis	pondríais	pongáis
	ellos/ellas/ustedes	ponen	pusieron	ponían	pondrán	pondrían	pongan
ser *to be*	yo	soy	fui	era	seré	sería	sea
	tú	eres	fuiste	eras	serás	serías	seas
	él/ella/usted	es	fue	era	será	sería	sea
	nosotros	somos	fuimos	éramos	seremos	seríamos	seamos
	vosotros	sois	fuisteis	erais	seréis	seríais	seáis
	ellos/ellas/ustedes	son	fueron	eran	serán	serían	sean
tener *to have*	yo	tengo	tuve	tenía	tendré	tendría	tenga
	tú	tienes	tuviste	tenías	tendrás	tendrías	tengas
	él/ella/usted	tiene	tuvo	tenía	tendrá	tendría	tenga
	nosotros	tenemos	tuvimos	teníamos	tendremos	tendríamos	tengamos
	vosotros	tenéis	tuvisteis	teníais	tendréis	tendríais	tengáis
	ellos/ellas/ustedes	tienen	tuvieron	tenían	tendrán	tendrían	tengan

Glosario

A

a caballo *on horseback*
a manos de *at the hands of*
a medias *half-done, by halves*
a partir de *from*
a pesar de *despite*
a través de *through, by means of*
abastecer *to supply*
abierto *open, running (tap)*
un abono *a subscription*
el abrigo *shelter*
abroncar *to heckle, to barrack*
acabar con *to end, to do away with, to put an end to*
acaudalado *rich, wealthy, affluent*
aclarar *to clarify*
acoger *to take in*
la actuación *action, performance*
actualmente *at present, nowadays*
adinerado *wealthy, moneyed*
un aerogenerador *a wind turbine*
agotarse *to run out, be used up*
agregar *to add*
aguantar *to put up with*
agudo *acute*
el agujero *gap, hole*
ahogarse *to gasp for breath, to drown*
el aislamiento *insulation*
aislar *to insulate*
Al-Andalus *name given to Muslim Spain*
albergar *to shelter, to house*
alborotar *to upset*
alcanzar *to reach, to attain*
el almacenamiento *storage*
la alteración del sueño *sleep disturbance*
el alumbrado *lighting*
el alumbramiento *lighting*
el amaranto *amaranth (a flower)*
la amenaza *threat*
amenazar *to threaten*
antaño *at one time (long ago)*
anular *to annul, to cancel out*
apagar *to put out, to switch off*
la apertura *opening (up)*
aplanar *to squash, to flatten*
el aporte *contribution*
apostar (ue) por *to opt for, to be committed to, to believe in, to support*
apoyar *to support*
aquejar *to afflict*
el arancel *tariff, import/export duty*
el árbitro *referee*

arder *to burn*
un arma de doble filo *a double-edged sword*
un arpón *a harpoon*
arraigado *rooted, fixed*
un arrecife *a reef*
arriesgarse *to risk*
arrugar *to crumple, to crease*
el artífice *artist, maker*
asegurar *to affirm, to assure*
un asenamiento *a settlement*
atacar *to attack, to mug*
el atraso *backwardness*
atribuir *to attribute*
el atún *tuna*
la audiencia *(judicial) hearing*
la autonomía *independence*

B

una baca *a roofrack*
una ballena *a whale*
una batería de medidas *a raft of measures*
beneficiarse de *to benefit from*
el bolsillo *pocket*
una bombilla *a (light)bulb*
las bombillas de bajo consumo *low energy lightbulbs*
un bote *a jar*
el brote xenófobo *xenophobic outbreak*
la bruja *witch*
la bujía *spark plug, candle*
burlarse de *to make fun of*
el butano *butane (bottled gas)*

C

el cabello *hair*
una caja *a box*
una caldera *a boiler*
el calentamiento *warming*
la calle sin asfaltar *unmade road*
calvo *bald*
la calzada *road surface*
el camino de tierra *dirt track*
el campesino *peasant farmer*
una capa freática *a phreatic stratum, an aquifer, a water table*
el captador *sensor*
la carcajada *guffaw*
la carga *load*
un casco *a helmet*
un catalizador *a catalytic converter*
ceder *to give up*
las células madre *stem cells*
la celulosa *cellulose*
las cenizas *ashes*

la censura *censorship*
el chorro *(water) tap*
la circulación *traffic*
la cirugía *surgery*
el clamor *protest*
el claxon *horn (car, boat)*
el colectivo *group*
comprimir *to compress*
comprometer *to agree*
conceder *to give, to grant*
concentrarse *to gather, to concentrate*
concienciar *to make aware*
la condena judicial *sentence*
un contador *a meter*
controvertido *controversial*
convivir *to live together, to coexist*
costero *coastal*
el crecimiento *growth*
el crudo *crude oil, petroleum*
la Cuenca de Polvo *the Dust Bowl*
los cuentos de hadas *fairytales*
culpar *to blame*
cumplir con *to fulfil, to achieve*

D

dar asco *to disgust*
dar con *to come across, to find*
dar el alto y registrar *to stop and search*
dar rabia *to make angry*
de acuerdo a *according to*
un decibelio *a decibel (measure of noise)*
el delito *crime, offence*
denunciar *to report, to denounce, to criticise*
depende de los ojos con que se mire *it depends on how you look at it*
la deportividad *sportsmanship*
derrocar *to overthrow*
el derroche *waste, squandering*
desarraigado *uprooted*
el desarrollo *development*
descomisar *to seize, to confiscate*
desempeñar *to carry out*
desenchufar *to unplug*
deshacerse de *to get rid of*
desplazarse *to travel*
desplegar *to unfurl*
despreciar *to scorn, to despise*
detener *to detain*
el detonante *trigger*
devolver *to return, to give or take back*
el diagnóstico *diagnosis*
la dictadura *dictatorship*

dimitir *to resign*
disminuir *to reduce*
dispararse *to shoot up*
un dispositivo *a mechanism*
la dolencia *ailment*
dosificar *to regulate*
el/la dramaturgo/a *playwright, dramatist*

E

ebrio *drunk*
la economía submergida *the hidden economy*
la educación *upbringing*
el egoísmo *selfishness*
la elección *choice*
el/la embajador(a) *ambassador*
un embalse *a dam*
el embrión *embryo*
la empresa *company, business*
en barbecho *fallow*
en cámara lenta *in slow motion*
en lo que va de *in what is approximately*
en materia de *on the subject of, with regard to*
en menor medida *in a smaller proportion, to a lesser extent*
en su conjunto *in their area*
encabezar *to be at the head of*
encarcelar *to imprison*
el encarecimiento *increasing price*
el encargado *person responsible*
el endurecimiento *hardening*
la energía atómica de fusión *nuclear fusion energy*
enjuagar *to rinse*
enteramente *entirely*
enterarse de *to be informed about*
erosionar *to erode*
escalofriante *frightening, chilling*
la escasez *shortage, scarcity*
la escudería *motor-racing team*
escupir *to spit*
escurrir *to drip*
esparcir *to scatter*
una especie *a species*
la esperanza *hope*
el estado miembro *member state*
estancarse *to stagnate*
estrambótico/a *eccentric, weird*
el estrés *stress*
estresado *under stress*
estropear *to ruin*
una etapa *a stage*
una etiqueta *a label*
el etiquetado *labelling*
experimentar *to experience*
las explotaciones madereras *logging operations, timber industry*
explotar *to exploit*
extremar *to maximise*

F

facilitar *to offer, to provide, to facilitate*
la factura de la luz *electricity bill*
fallar *to pronounce sentence*
fallecer *to die*
la fallecida *dead woman*
el fallo *verdict*
un fallo cardíaco *heart failure*
febril *hectic, fevered*
la fecundación in-vitro *in vitro (test tube) fertilisation*
fijarse en *to notice*
fomentar *to encourage, to promote*
la formación *training*
frenar *to slow down, to brake*
la frontera *border*

G

un(a) ganadero/a *a cattle rancher*
el gasto *expense*
el golpe *blow*
las gradas (de los estadios) *terraces, stands (in a sports stadium)*
gravísimo *seriously bad*
el grifo monomando *mixer tap*

H

la hambruna *famine*
haya quien diga *some would say*
el hecho consumado *action that has been carried out*
una hectárea *a hectare (10,000 m²)*
una helada *a freeze, a frost*
hierbajo *weed*
el/la hincha del fútbol *football fan*
la hipertensión *high blood pressure*
el hogar *home*
el/la huérfano/a *orphan*

I

implantar *to set up, to introduce*
imprescindible *essential, indispensable*
los impuestos *taxes*
impulsar *to promote, to encourage*
inagotable *endless, inexhaustible*
la inanición *starvation*
la incertidumbre *uncertainty*
incurrir *to get involved in, to fall into*
los indigentes/sin hogar/sin techo *homeless*
el infierno *hell*
el influjo *influx*
las infracciones *infringements*
un inmigrante clandestino *an illegal immigrant*
el inquilino *inhabitant*
un interruptor *a switch*
la intimidad *privacy*
la inversión *investment*
involucrar *to involve*
la ira futbolera *football violence*

J

jadear *to pant*
jalear *to urge on*
jugarse *to risk*
el juicio *judgement*
jurar *to swear*
el juzgado *court*

K

un kilovatio *a kilowatt (measure of electricity)*

L

laboral *to do with work, working*
la lealtad *loyalty*
el lema *motto, slogan*
una lente *a lens*
una lesión *a wound, an injury*
liberar *to release*
el litoral *coast*
las llanuras *plains*
lograr *to succeed (in)*
los lugareños *local people*
de luto *in mourning*

M

macilento *pale, haggard*
la mala educación *rudeness, bad behaviour*
malgastar *to waste*
el maltrato de género *domestic violence*
el mando a distancia *remote control*
la mano de obra *workforce*
la mano dura *hard line*
el marcapasos *pacemaker*
la marcha corta *low gear*
la marcha larga *high gear*
la marea *the tide*
la mariposa *butterfly*
la masificación *overcrowding*
la media *average*
la medida *measure*
medir *to measure*
menospreciar *to scorn, to despise*
merecer *to deserve*
mestizo *mixed-race*
el micro-crédito *small-scale loan*
el motín *revolt*
los muebles *furniture*

N

negarse a *to refuse to*
ni siquiera *not even*
nocivo *harmful*
la normativa *regulations*
novedoso *novel, new*
nutrir *to feed*

O

la obtención *obtaining*
ocasionado por *caused by*

ocasionar *to cause*
occidental *west, western*
una ola *a wave*
una ola de calor *a heatwave*
un oleoducto *an oil pipeline*
una ONG *a non-governmental organisation (NGO)*
ordeñar *to milk*
el orgullo *pride*
originario de … *from, of … origin*
orinar *to urinate*
otorgar *to grant, to consent to*

P

padecer de *to suffer from*
un país en vías de desarrollo *developing country*
la palanca *handle, lever*
el paludismo *malaria*
la pancarta *banner*
la pandilla *gang*
el par *pair, couple; opposite number (in politics)*
la parcela *plot of land*
parecido *similar*
el parque automovilístico *quantity of vehicles*
el parto *childbirth*
pasar de (algo) *to not care about something*
pasar hambre *to go hungry*
los pastos *pastures, grazing*
el patrimonio *heritage*
el patrón *pattern*
patrullar *to patrol*
el pegamento *glue*
pegar una paliza *to beat someone up*
la película *film*
la pena *sadness, suffering, effort*
la peña ultra *hardcore section of a football supporters' club*
la pérdida *loss*
la pesca *fishing*
pese a *despite*
el pez espada *swordfish*
el PIB (Producto Interno Bruto) *GDP (Gross Domestic Product)*
una pila *a battery*
las pintadas *graffiti*
la pirámide *pyramid*
pisar tierra firme *to reach land*
plantearse *to be in evidence*
plegar *to fold*
el plomo *lead*
la pobreza *poverty*
la política *policy; politics*
ponerse a *to start*
por consiguiente *consequently*
por debajo de *below, at a lower level*
el/la portavoz *spokesperson*
poseer *to have (possess)*
potenciar *to promote, to foster*
la potestad *authority*

precoz *early*
el prejuicio *prejudice*
la prepotencia *arrogance, high-handedness*
una presa *a dam*
el préstamo *bank loan*
prevalecer *to prevail*
el principio *principle*
privar *to deprive*
probar *to test, to try*
procedente de *from*
procurar *to try*
profundo *deep*
promover *to promote*
proponer *to propose*
provocar *to cause*
la pulsera *bracelet*

Q

¡Qué barbaridad!/¡Qué pasada! *Incredible! How awful!*
quedarse en cero *to be back to the start*
una quiebra *a division*

R

radicar *to be rooted in*
las raíces *roots*
el recelo *misgivings, suspicion*
rechazar *to reject, to refuse*
el recién llegado *new arrival*
reclamar *to demand*
la Reconquista *conquest of Muslim Spain by Christian kingdoms*
recurrir *to resort to*
los recursos *resources*
una red *a network, a net*
rehuir *to avoid, to shy away from*
el rendimiento *performance, yield*
rendir *to produce*
rentable *profitable*
la reproducción asistida *fertility treatment*
el rescate *ransom*
los residuos *waste*
restar *to take away, to remove*
el reto *challenge*
el ritmo *rate, rhythm*
rondar la treinta *to be around thirty*
el rostro *face*
el rozamiento *friction*

S

el sacerdote *priest*
la salinización *salinity, saltiness*
el Samur Social *Social Services*
sancionar *to penalise*
el sarampión *measles*
el secuestro *abduction, kidnapping*
sedar *to sedate*
el seguimiento *pursuit, tracking*
la selva tropical *rainforest*
sembrar *to sow*

señalar *to indicate, to point out*
la sensibilización *awareness-raising*
el sentimiento de pertenencia *feeling of belonging*
ser adalid *to be the leader*
el simio *ape*
un sinfín de *no end of*
la sobrepesca *overfishing*
el sobrepeso *excess weight*
sobrevivir *to survive*
socorrido *handy, useful*
la soja *soya*
solidario *caring*
sostener *to sustain, to uphold*
suavizar *to soften*
subrayar *to underline*
la subvención *subsidy*
subvencionar *to subsidise*
el suelo *land, ground*
suministrar *to supply*
sumo *greatest, utmost*
suponer *to involve*

T

la tala *cutting down, felling*
las tantas de la mañana *the small hours*
una tarea *a task*
el tejido *tissue*
el temor *fear*
el temor a *fear of*
tener en cuenta *to bear in mind*
tener que ver con *to have to do with*
el terremoto *earthquake*
el tetrapléjico *paraplegic*
tirar de la cadena del aseo *to flush the toilet*
el titular *headline*
el toque de queda *curfew*
trasladar *to move*
trasladarse a *to move to*
el tratamiento *treatment*
el trayecto *journey*
el trigo *wheat*
la tutela legal *ward of court, guardianship*

U

ubicarse *to be situated*
ultrajado *offended, outraged*
urbanizable *designated for building*

V

el velo *veil*
un vertido *a spillage*
vigilar *to monitor*
vincularse *to be linked*
la violencia de género *domestic violence*
voluminoso *bulky*

Y

un yacimiento *a deposit*

Acknowledgements

The authors and publisher would like to thank their families, without whose support they could not have created this book.

The authors and publisher would like to also acknowledge the following for use of copyright material:
p10 'Lo que dice WWF' www.WWF.es; p10 'Lo que dice Francisco Capella, director del área de Ciencia del Instituto Juan de Mariana' www.intelib.com; p12 'La Oroya, donde los niños nacen con plomo en la sangre.' adapted from El Mundo (Ramy Wurgaft); p14 'Por un transporte más verde' adapted from Mía no.1107; p.18 'Activity 1' Adapted from http://aitri.blogspot.com/2007/02/presente-y-futuro-de-la-energa.html; p.18 'La Agencia Internacional de la Energía apuesta por las nucleares' quotes data from www.ciemat.es; p20 'Los biocombustibles, ¿ayudan?' BBCMundo.com; p22 'Edifi cios más verdes – la nueva contrucción cuenta ya con una etiqueta energética.' adapted from Mía no.1094; p26 'Defendiendo el territorio.' Adapted from Mía no.1090; p34 'Emigrar para sobrevivir…' adapted from Emigrar para sobrevivir (M. Risi) and UE intenta controlar crisis migratoria, BBCMundo.com; p36 'Inmigrantes ayudan a España' (M.Sanders) adapted from BBCMundo.com; p.38 'El grave problema de la inmigración' adapted from El verdadero "efecto llamada" (J. A. Zalduendo) © Grupo EIG Multimedia/Cambio16.info; p.38 'Las "pateras" que llegan volando' adapted from Las 'pateras' que llegan volando (N. Blanco) © Grupo EIG Multimedia/Cambio16.info; p.42 'La integración a medias en Europa' adapted from migrantesenlinea.org; p44 'El pluralismmo cultural' adapted from La problemática de la diversidad cultural www.prodiversitas.bioetica.org; p46 'Los nuevos vecinos de Nou Barris' adapted from Los nuevos vecinos de Nou Barris (G. Torres) BBCMundo.com; p49 Actividad preliminar adapted from Discriminación www.amnesty.org.es; p50 'Los orígenes del racismo en España' This article is used under the GNU free documentation license (http://www.gnu.org/copyleft/fdl/html). It uses material from the Wikipedia article "Racismo en España" (http://es.wikipedia.org/wiki/racismo_en_españa); p52 'Un congoleño tetrapléjico tras un ataque racista' adapted from Un congoleño tetrapléjico tras un ataque racista © EFE; p54 'Los británicos se sienten ultrajados por insultos racistas a Lewis Hamilton' adapted from Los británicos se sienten ultrajados por insultos racistas a Lewis Hamilton © AFP; p58 'Los indigentes de Plaza de España' adapted from Los indigentes de Plaza de España (L. B. Borges) © El Mundo; p60 '¿Quiénes son y cómo viven los más ricos de América Latina?' adapted from ¿Quiénes son y cómo viven los más ricos de América Latina? © AFP; p62 'El hambre mata a seis millones de niños al año' adapted from El hambre mata a seis millones de niños al año © El País; 'Encuesta municipal para El Periódico' adapted from © GESOP for El Periódico; p69 'Los jóvenes y la violencia' adapted from Guerra y paz: 10 jóvenes hablan sobre la violencia (T. G. Manso) from Yo Dona Magazine © El Mundo; p70 'Mala educación' adapted from La Vanguardia, 23 March 2008; p70 'Clamor contra la violencia machista' adapted from La Vanguardia 26 November 2007; p70 'Emilio Calatayud – juez de menores' adapted from Emilio Calatayud – juez de menores © Caja Madrid; p74 'La casa del futuro' adapted from La casa del futuro www.euroresidentes.com; p76 'Bioingeniería: ciencia, no ficción' adapted from Bioingeniería: ciencia, no ficción (J. A. Planell) La Vanguardia 24 February 2008; p78 'La muerte de Inmaculada Echevarría reabre el debate sobre la eutanasia' adapted from La muerte de Inmaculada Echevarría reabre el debate sobre la eutanasia www.20minutos.es; p90 Luis de Castresana El otro árbol de Guernica © Eunsa.

pp10, 18, 22, 76, 82, 84, 88 © Martin Sanders
p50 © Mark Draisey

Photographs courtesy of:
p9 © vario images GmbH & Co.KG / Alamy; p13 © Flor Ruiz, p14 © Kevin Foy / Alamy, © Gregory Wrona / Alamy, © iStockphoto.com / Steven Allan; p14 © Stephen Finn – Fotolia.com; p16 © vario images GmbH & Co.KG / Alamy; p17 © broker – Fotolia.com; p20 © Sylvain Grandadam / photolibrary.uk.com; p22 © Paul Heasman – Fotolia.com; p24 © Stephen Finn – Fotolia.com; p25 © Richard Wareham Fotografi e / Alamy; p26 © ofervedoiroiii / fl ickr.com, © Nikki Edmunds / Alamy; p27 © Pedro Armestre / AFP / Getty Images; p28 © Ecover, rgbdigital.co.uk – Fotolia.com, © AfriPics.com / Alamy, © iStockphoto.com / janda75, © Paul Glendell / Alamy; p30 © iStockphoto.com / luoman; p32 © Richard Wareham Fotografi e / Alamy; p33 © Kevin Foy / Alamy; p34 © Manuel Lerida / epa / Corbis; p36 © Oso Media / Alamy; p38 © MELMUTH / AFP / Getty Images; p40 © Kevin Foy / Alamy; p41 © iStockphoto.com / digitalskillet; p42 © iStockphoto.com / digitalskillet, © iStockphoto.com Quirex, © iStockphoto.com / blaneyphoto, © iStockphoto.com / dsteller, © iStockphoto.com / Juanmonino; p44 © photolibrary.uk.com / Kablonk!; p45 © Andres Rodriguez - Fotolia.com, © iStockphoto.com / Quavondo Nguyen; p46 © liinuxbcb / Joan Martinez; p47 both images © Fernando Moleres / Magazine; p48 © iStockphoto.com / digitalskillet; p49 © Reuters; p52 © EPA/Fernando Alvarado; p54 © Joanne Burnett / Getty Images; p56 © Reuters; p57 © Viviane Moos / Corbis; p58 © james goldsmith / Alamy, © Mike Goldwater / Alamy, © Ian Nellist / Alamy, © Novel Creative / Alamy; p60 © J.R.Mora, © James Leynse / Corbis; p62 © J.R.Mora; p63 © Reuters / Claudia Daut; p64 © Viviane Moos / Corbis; p65 © Andrea Comas / Reuters / Corbis; p66 © Eva Madrazo. Image from BigStockPhoto.com; p68 © Andres Kudacki / Corbis; p70 © Michael Klinec / Alamy; p72 © Andrea Comas / Reuters / Corbis; p73 © ESA/J.Huart; p74 © Richard Schulman / Corbis, rossco – Fotolia.com, © Ted Soqui / Corbis; p78 © Juan Ferreras / epa / Corbis; p80 © ESA/J.Huart; p81 © Presiyan Panayotov. Image from BigStockPhoto.com, © Alexander Inglessi. Image from BigStockPhoto.com, © Patricia Hofmeester. Image from BigStockPhoto.com, © Philip Lange. Image from BigStockPhoto.com; p82 © iStockphoto.com / Phooey, © iStockphoto.com / arssecreta; p84 © iStockphoto.com / jlvphoto; p85 © Irina Shoyhet. Image from BigStockPhoto.com; p86 © EFE / FILES / epa / Corbis, © AP / PA Photos; p88 © Julio Etchart / Alamy, © Rolls Press/Popperfoto/Getty Images; p90 © EFE / Corbis; p91 © Eunsa; p92 © Karl Schoendorfer / Rex Features, © Debolsillo; p94 © denis doyle / Alamy, © AP / PA Photos; p96 © Keystone / Stringer / Getty Images; p96 © Christian Simonpietri / Sygma / Corbis; p98 © Sipa Press / Rex Features; © The Art Archive / Cavalieri Holding Co. Inc. Geneva / Gianni Dagli Orti; p100 © Universal/Everett / Rex Features, © Tequila Gang / WB / The Kobal Collection.